Lamy / Zacker

Fatburner

Jutta Lamy / Christina Zacker

Fatburner

Nahrungsmittel zum Abnehmen

Versteckte Dickmacher
Fettverbrennende Biostoffe
Ernährungstips zum Sport

MIDENA

Die Autorinnen

Jutta Lamy ist diplomierte Ökotrophologin. Sie arbeitete jahrelang als Ernährungsberaterin für die Deutsche Gesellschaft für Ernährung.
Christina Zacker ist freiberufliche Journalistin mit langjähriger Erfahrung im Bereich Ernährung.

Die Deutsche Bibliothek – CIP-Einheitsaufnahme

Lamy, Jutta:
Fatburner : Nahrungsmittel zum Abnehmen ; versteckte Dickmacher, fettverbrennende Biostoffe, Ernährungstips zum Sport / Jutta Lamy/ Christina Zacker. – Augsburg : Midena, 1998
ISBN 3-310-00413-9

Midena Verlag, Augsburg

Umschlaggestaltung: Atelier Fenke, München
Umschlagbild: Bavaria Bildagentur, München
Layout: Hampp Verlag, Stuttgart
Fotos: Bavaria Bildagentur: S. 10, 19, 35, 42, 51, 57, 59, 62, 84, 92, 107; Nike, Mörfelden: S. 82; Stock Food, München: S. 74, 116.
Satz: pws Print- und Werbeservice Stuttgart
Druck und Bindung: Offizin Andersen Nexö – ein Betrieb der INTERDRUCK Graphischer Großbetrieb GmbH

Printed in Germany

ISBN 3-310-00413-9

Gedruckt auf elementar chlorfrei gebleichtem Papier

Inhaltsverzeichnis

Vorwort

Wenn Ihre Waage zuviel anzeigt, nützen auf Dauer alles Hungern und alle neuen Diäten nichts. Im Gegenteil: So manche Abmagerungskur macht uns erst dick. Das ist kaum zu glauben – aber leider wahr! Neueste Erkenntnisse zeigen: Es gibt einfachere Methoden, um abzuspecken. Biostoffe, die sogenannten Fatburner, sind in unseren Lebensmitteln »versteckt – man muß nur wissen, wo. Und natürlich: wie man sie aktiviert.

Der ständige Kampf gegen die Pfunde

Den ständigen Kampf gegen das »Zuviel« auf den Hüften, an Bauch und Po kennen Sie sicher auch. Denn: Jeder zweite Bundesbürger schleppt zu viele Pfunde mit sich herum – mit steigender Tendenz. Selbst wenn viele von uns nur ein bißchen mollig sind, wenn manche eigentlich eine gute Figur haben, sich aber nach einem falschen Schönheitsideal richten – ein Drittel von uns gilt »offiziell«, also auch nach Meinung der Mediziner und Ernährungsexperten, als »übergewichtig«. Jeder sechste – also gut 15% – ist adipös. (Dieser medizinische Fachausdruck klingt für den Unkundigen immerhin besser als die deutsche Übersetzung: Die bedeutet nämlich »fettleibig« und ist wahrlich keine charmante Beschreibung unserer Pfunde.)

Selbst bei Kindern und Jugendlichen zeigt die Waage mittlerweile oft eine ganze Menge zu viel an. Dreizehn Prozent der Sechs- bis Zehnjährigen sind – nach einer Studie im Raum München – bereits stark übergewichtig. Und das trotz allem Fitneßwahn, trotz aller Diäten, trotz aller Bemühungen in jedem Jahr aufs neue, wenigstens ein bißchen abzunehmen.

Dabei gibt es ein einfaches Mittel gegen Übergewicht: Essen Sie das Richtige! Dann nehmen Sie ab – und so manche Lebensmittel helfen Ihnen auch noch dabei.

Forschungen haben ergeben: Es gibt Biostoffe, die das Fett im Körper regelrecht verbrennen. Diese Fatburner (vom engl. »fat« = Fett und »to burn« = brennen, verbrennen) sorgen dafür, daß jegliches Fett, das wir mit der Nahrung zu uns nehmen, genau dorthin gelangt, wo es unser Organismus braucht: in die Körperzellen nämlich und nicht in unschöne Pfunde auf Hüften und Oberschenkel, an Po und Bauch.

Gewicht verlieren und halten ist einfach

Es mag Ihnen wie ein Märchen vorkommen – aber es ist wirklich ganz einfach. Wie es geht, das erfahren Sie in diesem Buch. Wir zeigen Ihnen,

- welche Biostoffe als echte Fatburner gelten,
- wie sie wirken und
- in welchen Nahrungsmitteln sie enthalten sind.

Sie lernen,

- welche Lebensmittel Ihnen guttun und
- welche Sie lieber meiden sollten,
- welche Ihre Figur rank und schlank machen und
- welche leider eher dafür sorgen, daß Sie Pfunde ansetzen.

Doch: Nicht allein die Fatburner helfen Ihnen, Gewicht zu verlieren und auf Dauer gesund und schlank zu bleiben. Deshalb sagen wir Ihnen auch,

- wie Sie Ihre Ernährungsgewohnheiten verbessern können,
- wie Sie mit einem ausgewogenen Speiseplan eine gute Figur machen,
- welche Bewegung Ihnen besonders guttut und
- was Sie bei den unterschiedlichen Sportarten am besten essen sollten, um noch mehr Fatburner zu aktivieren.

Denn Sie sollten auf gesunde Weise schlank werden und vor allem auch bleiben. Daß Sie dabei viel Erfolg haben – das wünschen wir Ihnen!

Jutta Lamy, Christina Zacker,
Baden-Baden, Dezember 1997

Fettzellen – die Energiespeicher Nr. Eins

Übergewicht entwickelt sich langsam

Man weiß heute: Übergewicht entwickelt sich meist langsam und stetig. Wer einmal – oder auch hin und wieder – über die Stränge schlägt, legt gewiß nicht so viel zu, daß man von Übergewicht sprechen könnte. Die Ursache von Adipositas ist vor allem in zwei Faktoren zu suchen:

- unseren falschen Ernährungsgewohnheiten und
- der verkehrten Lebensweise, die wir uns fast alle angewöhnt haben.

Falsche Ernährung führt auf Dauer zu Übergewicht.

Doch nicht unsere Ernährung allein ist »schuld« daran, ob wir dick oder dünn sind. Die Wissenschaft hat es ans Licht gebracht: In unseren Körperzellen wird entschieden, ob ein Mensch übergewichtig ist oder nicht. Dabei spielen die Fettzellen eine ganz große Rolle. Denn dort passiert das Entscheidende – der Fettabbau.

Wie oft stöhnt man jedoch über die Fettzellen, die angeblich an den Rettungsringen um Bauch und Hüften schuld sein sollen. Leider ist das nur eine Ausrede – man weiß nämlich inzwischen längst: An den Problemzonen der Figur sind ganz gewiß nicht die Fettzellen schuld. Im Gegenteil: Sie sind nützlich, ohne Fettzellen könnten wir nicht leben. Denn sie speichern lediglich Fett und geben es dann bei Bedarf ab. Allerdings haben sie das Bestreben, möglichst viel Fett anzusammeln. Auf diese Weise beugen sie »Not-Zeiten« vor, wenn also nicht ausreichend Nahrung vorhanden ist.

Streß hilft gegen den Bauchspeck

Die gespeicherte Energie der Fettzellen wird ja nicht nur in Not- und Hungerzeiten abgegeben, sondern auch, wenn man unter Streß steht. Sicherlich haben Sie auch schon mal eine Schrecksekunde erlebt: wenn zum Beispiel die Haustür zuschlägt und der Schlüssel innen steckt; wenn Sie träumend im Auto sitzen und der Vordermann mit seinem Wagen plötzlich scharf bremst.

In solchen Schrecksekunden durchschießt es einen heiß, und man ist hellwach und hochkonzentriert. Die Fettzellen haben an dieser Reaktion einen gewaltigen Anteil: In Bruchteilen einer Sekunde geben sie Energie in den Körper ab und kurbeln damit den gesamten Stoffwechsel an. Jede Art von Streß ist geeignet, die Fettzellen anzuzapfen. In Untersuchungen hat man nachgewiesen: Dünne Menschen sind mehr im Streß als dicke.

Sie sehen also: Streß kann durchaus positiv sein. Wir alle kennen »guten« und »schlechten« Streß: solchen, der mit positiven Ereignissen (z. B. Glück, Verliebtsein, Spaß) einhergeht, und den anderen, den uns negative Geschehnisse (z. B. Angst, Depressionen, Leistungsdruck) bescheren.

Verantwortlich für die Freisetzung dieser Energie in stressigen Situationen sind bestimmte Hormone. Sie wirken übrigens auch im Schlaf. Etwa 70 Minuten nach dem Einschlafen pumpt die Hirnanhangdrüse das Wachstumshormon ins Blut. Dieses Streßhormon saugt dann die ganze Nacht über Fett aus den Fettzellen und versorgt damit die Körperzellen. So ist es auch zu erklären, warum wir morgens weniger wiegen als vor dem Zubettgehen.

Das Wachstumshormon entzieht den Fettzellen über Nacht Fett

Auf die Menge kommt's an

Fettzellen sind normalerweise zwischen 0,3 und 0,9 Mikrogramm schwer. Sie sind aber in der Lage, sich enorm zu vergrößern. Selbst schlanke Menschen verfügen über eine große Anzahl Fettzellen. Bei ihnen bleiben diese zum Teil ein Leben lang leer. Sind die Fettzellen aber erst einmal gefüllt, können sie bis zum 200fachen ihrer

Die Anzahl der Fettzellen ist das Entscheidende

ursprünglichen Größe aufquellen. Entscheidend für unser Übergewicht ist dennoch nicht allein die Größe der Fettzellen, sondern vor allem deren Anzahl: Dicke Menschen haben die achtfache Menge an gefüllten Fettzellen wie schlanke. Je mehr Fettzellen bereits in der Kindheit durch Fehlernährung gebildet worden sind, desto eher besteht im Erwachsenenalter die Neigung zu Übergewicht. Denn überzählige Fettzellen können nur sehr schwer wieder abgebaut werden.

Fett allein ist nicht der Bösewicht

Nicht das Fett, das wir mit der Nahrung zu uns nehmen, ist für die Fettzellenbildung verantwortlich. Am schlimmsten ist die Kombination von Fett und den sogenannten »schlechten« Kohlenhydraten wie Zucker, Süßigkeiten, gehaltvollen Kuchen, Cremespeisen. Wenn wir solche Lebensmittel zu uns nehmen, werden die Fettzellen träge und lagern immer mehr Fett ein, anstatt es wieder abzugeben.

Ernährt man sich falsch, füllen sich die vorhandenen Fettzellen bis zu einer maximalen Größe von 1,2 Mikrogramm. Wenn dann alle existierenden Fettzellen voll sind, bilden sich immer weitere Fettzellen. Die Folge: Übergewicht. Bei einer ausgewogenen Ernährung mit viel Obst, Gemüse und Vollwertkost speichern die Fettzellen nur so viel Fett, wie sie zur Energieabgabe benötigen.

So kriegen Sie Ihr Fett weg

Fettzellen an sich sind also nicht die Ursache für Übergewicht. Im Gegenteil: Ohne Fettzellen würde unser Stoffwechsel nicht funktionieren. Erst wenn diese Funktion gestört ist, kommt es zu den unschönen Polstern an den »verkehrten« Stellen. Nun kann man aber dafür sorgen, daß das Fett wieder freigesetzt wird und die Fettmoleküle die Fettzellen wieder verlassen, um dann zu Energie verbrannt zu werden.

Sackgasse Fett

Dicke Menschen werden nicht von heute auf morgen dick. Sie nehmen meist ganz langsam zu. Nach und nach lagert sich im Körper mehr Fett ein als abgebaut wird – und das wird zum Dauerzustand. Die Fettzellen erhalten ständig Nachschub, der sich als Bauch- und Hüftspeck festsetzt.

Tückisch sind die »schlechten« Kohlenhydrate

Besonders tückisch bei dem schnellen Einbau von Fettmolekülen im Körper sind die »schlechten« Kohlenhydrate. Sie sind schnell löslich und vor allem in Zucker, poliertem Reis und allen Lebensmitteln aus weißem Mehl enthalten. Durch sie wird das Fett zwar rasch in die Fettzellen befördert, der Abbau jedoch verhindert. So entsteht über Wochen und Monate, vielleicht sogar über Jahre hinweg eine »Sackgasse« für die Fettmoleküle, aus der sie nicht mehr herauskommen. Sie bleiben in den Fettzellen ewig hängen. Und das führt zu Übergewicht.

Fazit:

- ✔ Zucker, polierter Reis und alle Weißmehlprodukte fördern die »Sackgasse« Fett.
- ✔ Streßhormone sind Schlankmacher.
- ✔ Je mehr Fettzellen, desto eher neigt man zu Übergewicht.

Hormone als Fatburner – sie entscheiden über unsere Figur

Klar: Ohne Nahrung können wir nicht leben. Nicht nur, weil wir unserem Appetit nachgeben wollen und unseren Hunger stillen müssen. Sondern weil Hunger ja seine Ursache hat: Der Körper fordert damit Energiezufuhr an, Energie, die er braucht, um zu funktionieren. Und nur mit der Aufnahme von Lebensmitteln werden körpereigene Stoffe aufgebaut und in Energie umgewandelt. Diese Umwandlung nennen wir Stoffwechsel.

Hormone machen den Zellen Beine

Am Stoffwechsel wesentlich beteiligt sind die Hormone, die vom Gehirn aus gesteuert werden. Jedes Hormon hat eine andere Funktion: Als »Botenstoffe« des Körpers schicken Hormone Informationen an die Enzyme (was das ist und welche Funktion sie haben, darüber in Kapitel 4 mehr) in den Körperzellen. Hormone werden meist von Drüsen abgegeben, beim Mensch und Tier in das Blut, bei Pflanzen in den Saftstrom. Die Hormone wirken immer nur auf bestimmte Organe (Ziel- oder Erfolgsorgane). Diese haben besondere Bindungsstellen (sogenannte Rezeptoren), an welche die Hormonmoleküle gebunden werden. Durch diese Bindung werden biochemische Reaktionen im Zellinnern ausgelöst – und so entscheiden die Hormone auch über die Einlagerung oder Freisetzung von Körperfett.

Fatburner Nr. 1: das Wachstumshormon

Das Wachstumshormon wird vom Gehirn aus gesteuert. Es sorgt dafür, daß nachts, während wir schlafen, Fett aus den Fettzellen abgebaut wird. Damit werden dann die Körperzellen versorgt. Dieser Prozeß dauert die ganze Nacht und beginnt ungefähr 70 Minuten nach dem Einschlafen. Dem Wachstumshormon verdanken wir es, daß wir morgens nicht träge und müde, sondern voller Elan und energiegeladen aufwachen.

Jetzt wissen Sie auch, warum Sie morgens weniger wiegen als vor dem Zubettgehen: In der Nacht sorgt das Wachstumshormon dafür, daß

Fett, das sich über Tag in den Fettzellen angesammelt hat, frei wird und in den Körperzellen in Energie umgewandelt wird.

Mit Hilfe von Fett aus dem Fettgewebe baut das Wachstumshormon außerdem neues Körpergewebe auf. Es sorgt also dafür, daß die Menschen wachsen und daß sich ihr Gewebe, ihre Zellen und Muskeln ständig erneuern.

Übergewichtige haben oft zu wenig Wachstumshormone im Blut. Das liegt daran, daß sie sich falsch ernähren. Denn das Wachstumshormon benötigt ausreichend Eiweiß. Wenn nicht genügend Eiweiß mit der Nahrung zugeführt wird, kann das Wachstumshormon nicht arbeiten. Weil das Wachstumshormon außergewöhnlich groß ist, benötigt der Körper auch besonders viel Eiweiß, um die Funktion des Hormons anzukurbeln.

Wichtig: ausreichend Eiweiß für das Wachstumshormon

Aber Eiweiß allein genügt dem fettfressenden Wachstumshormon für seine »anstrengende« Arbeit nicht: Es benötigt außerdem noch Vitamin C (in Obst und Gemüse) und Vitamin B_6 (in magerem Fleisch, Vollkornprodukten, Sojasprossen, Nüssen).

Fatburner Nr. 2: Glukagon

Dieses Hormon wird in der Bauchspeicheldrüse gebildet. Immer, wenn der Blutzuckerspiegel unter eine bestimmte Marke fällt, stößt

Unterstützt wird Glukagon durch zwei weitere Hormone, die besonders »gierig« auf Fett sind: Kortisol und Adrenalin. Sie können theoretisch den Hüftspeck an einem Tag »auffressen«. Das beste am Glukagon ist, daß es mit dem »Dickmacher« Insulin auf Kriegsfuß steht und dessen Betriebsamkeit hemmt. Leider aber ist es dennoch nicht so leicht, abzunehmen: Denn es gibt in der Bauchspeicheldrüse zehnmal soviel Insulin wie Glukagon. Und natürlich hätte die Zufuhr von fettfressenden Hormonen »außer der Reihe« viele negative Nebenwirkungen!

die Bauchspeicheldrüse Glukagon aus, um das Blut wieder mit dem Blutzucker zu füllen. Das kann mitunter – etwa in Schrecksekunden – blitzschnell vor sich gehen.
Durch diese gerade beschriebene Energielieferung werden enorme Mengen Fett aus den Fettzellen freigesetzt. Somit ist Glukagon ein echter Fatburner und ideal zum Abspecken. Auch Glukagon ist auf eine ausreichende Eiweißzufuhr angewiesen. Nimmt man jedoch zu wenig Eiweiß mit der Nahrung zu sich, wird Glukagon im Körper allzu schnell aufgebraucht und kann nicht mehr positiv auf die Fettzellen wirken.

Fatburner Nr. 3: die Schilddrüsenhormone

Die Schilddrüse reguliert den Fettabbau

Sie sind lebenswichtig, und wessen Schilddrüse wirklich gut funktioniert, kann sicher sein: Er wird bestimmt nicht übergewichtig. Die Schilddrüse reguliert nämlich den Fettabbau im Körper. Damit die Schilddrüse ihre fettfressenden Hormone produzieren kann, benötigt sie eine ausreichende Zufuhr an bestimmten Nährstoffen. Hier steht das Jod an erster Stelle.

Bei Eiweißmangel gibt es einen weiteren Nebeneffekt: Ohne Eiweiß kann die Aminosäure Histidin nicht arbeiten. Diese ist zum einen für die Produktion von Glukagon und der Schilddrüsenhormone mitverantwortlich, zum anderen ist Histidin auch Bestandteil des Sexualhormons. Fehlt nun Histidin, und das ist bei Übergewichtigen oft der Fall, dann kann dies zur Beeinträchtigung der Libido führen.

Viele Menschen leiden an Jodmangel, ihre Schilddrüse kann deshalb nicht ausreichend Hormone bilden. Die Folge: Die Schilddrüse wird immer dicker, und im Extremfall kommt es zur Bildung eines Kropfs. Um die Jodversorgung zu sichern, ist es wichtig, jodiertes Speisesalz in der Küche zu verwenden.

Der zweite Nährstoff, der neben Jod für eine gesunde Schilddrüsenfunktion wichtig ist, ist der Eiweißstoff Tyrosin. Er wird mit eiweißreicher Nahrung (das sind beispielsweise Sojaprodukte oder Käse oder Milchprodukte generell) aufgenommen. Fehlt es dem Körper jedoch an Eiweiß, dann gerät der Schilddrüsenregelkreis ins Stocken und der Fettabbau ist blockiert.

Vitamin C schützt die Hormone

Damit die fettabbauenden Hormone auf ihrem Weg durch die lange Blutbahn keinen Schaden nehmen, müssen sie geschützt werden.
Diesen Schutz übernimmt das Vitamin C – aber natürlich nur dann, wenn wir es in ausreichender Menge zu uns nehmen. Deshalb sollte selbstverständlich sein: Essen Sie täglich frisches Obst.

Fazit:
Die besten Fatburner sind
✔ das Wachstumshormon,
✔ das Schilddrüsenhormon und
✔ das Hormon der Bauchspeicheldrüse.

Biostoffe – die Fettverbrenner aus der Nahrung

Essen, das schlank macht

Es gibt ganz bestimmte Stoffe in unserer Nahrung, die dafür sorgen, daß das Nahrungsfett dorthin wandert, wo es eigentlich hingehört: nämlich in die Körperzellen zur Gewinnung von Energie und nicht in unschöne Pölsterchen oder gar »Rettungsringe« um die Hüften oder um den Bauch.

Neueste Erkenntnisse haben jetzt ergeben, daß diese Biostoffe besonders hartnäckig gegen Fett vorgehen. Diese sogenannten »Fatburner« (= Fettverbrenner) schleusen Fettbausteine in die Brennkammern unserer Körperzellen oder sind selbst an der Fettverbrennung beteiligt. Mit ihrer Hilfe wird Fett aus den Speckpolstern sozusagen »abgesaugt« und in den Körperzellen zu Energie verbrannt. In einer ausgewogenen Ernährung sind diese fettabbauenden Substanzen ausreichend vorhanden.

Vitamin C ist ein echter Fatburner!

Wir kennen Vitamin C vor allem als Hilfsmittel gegen Erkältungen, als Schutz vor Infektionen. Aber natürlich kann dieses Allround-Vitamin noch viel mehr. Von allen Nährstoffen spaltet Vitamin C Fett am besten auf. Deshalb kann man sogar sagen: Vitamin C ist ein echter Schlankmacher!

Mit Hilfe von Vitamin C wird der Nervenreizstoff Noradrenalin im Körper produziert. Dieses Streßhormon sorgt nicht nur dafür, daß der Streß mit Spaß bewältigt werden kann, sondern auch, daß dabei besonders viel Fett in Energie umgewandelt wird. Noradrenalin wird nämlich blitzschnell über die Nervenbahnen in die Fettzellen geleitet, um dort das Energiefett abzusaugen. Mehr über dieses interessante Streßhormon auf den nächsten Seiten.

Dicke Menschen leiden oft an einem Mangel an Vitamin C

Doch aufgepaßt: Es nützt nichts, wenn Sie sich jetzt aus der Apotheke Vitamin C besorgen und Ihrem Körper »künstlich« zuführen. Mehr als 1,5 bis 5 Gramm Vitamin C kann der Körper nämlich nicht speichern. Der Grund: Vitamin C ist wasserlöslich. Die überflüssige Menge, die der Organismus nicht sofort braucht, wird mit der Flüssigkeit sofort und ungenutzt wieder aus dem Körper geschwemmt. Je weniger Vitamin C in unserem Körper enthalten ist, desto weniger können allerdings fettabbauende Hormone produziert werden. Ein Drittel unseres Vitamin-C-Bestandes im Körper wird in den Nebennieren gelagert, also dort, wo die wichtigsten Streßhormone erzeugt werden.

Vitamin C hilft beim Fettabbau

Mit frischem Obst und Gemüse haben Sie optimale Vitamin-C-Lieferanten – essen Sie soviel wie möglich davon.

Um eine ausreichende Vitamin-C-Zufuhr zu gewährleisten, essen Sie also viel frisches Obst und Gemüse – dann halten Sie ständig einen gewissen Vitamin-C-Spiegel in Ihrem Organismus, und das auf natürliche Art und Weise. Dabei gilt: Je saurer die Früchte sind, die Sie verzehren, desto mehr Fett können Sie dabei verbrennen. Ideal sind hier Zitronen, Grapefruits, Kiwis, Sauerkirschen, Stachelbeeren und Trauben.

Tip: Vor dem Sport frisch gepreßten Zitronensaft mit Mineralwasser trinken. Das im Zitronensaft enthaltene Fruchtfleisch erhöht die Wirksamkeit von Vitamin C bis zum 20fachen.

Magnesium frißt das Fett

Für den Abbau von Fett wird sehr viel Magnesium benötigt. Magnesium ist ein Bestandteil von Enzymen, die fettverzehrende Nervenreizstoffe binden. So sorgt dieses Mineral dafür, daß der Stoffwechsel in den Zellen möglichst schnell angekurbelt werden kann.
Magnesium finden Sie z. B. in Hülsenfrüchten. Vor allem Vollkornprodukte sind jedoch wichtig: Denn bei der Mehlherstellung gehen durch das Abtrennen der Keimschale mehr als 80 Prozent Magnesium verloren. Aus diesem Grund fehlt Menschen, die sich vorwiegend von Produkten aus weißem Mehl ernähren, Magnesium im Blut. Merke: Wer auf Vollkornprodukte verzichtet, schafft die besten Voraussetzungen für zu viele Pfunde!

Bedeutende Magnesiumspender: Nüsse

Ein weiterer wichtiger Magnesiumlieferant sind Nüsse. 100 Gramm Erdnüsse enthalten bereits 163 Milligramm Magnesium! Der Tagesbedarf eines Erwachsenen liegt bei etwa 350 Milligramm. Und es ist Ihnen doch hoffentlich klar, daß Sie Nüsse nicht gesalzen oder gar geröstet essen sollen, sondern in »Natur pur« ...

Cholin schützt unsere Nerven

Dieser Biostoff gehört zu den B-Vitaminen und ist Bestandteil der Schutzhülle aller Nerven- und Gehirnzellen. Ohne Cholin wird das Cholesterin in diesen Zellen ranzig und klebrig. Dadurch wird der Durchfluß von fettfressenden Streßhormonen erheblich gebremst, und sie gelangen nicht mehr ausreichend in die Fettzellen.

Man findet Cholin in großer Menge in Leber, Fleisch, Eigelb, Milch, Blumenkohl und vor allem in Sojaprodukten. Cholin sorgt dafür, daß die fettfressenden Nervenreizstoffe ohne Schwierigkeiten in die Fettzellen gelangen, wie wir oben gesehen haben. Ohne Cholin sammeln sich große Mengen von Triglyzeriden in der Leber. Es kann dann zur sogenannten »Fettleber« kommen.

Cholin bedient sich bei dem Fettabbau zudem eines wichtigen »Komplizen«, dem Eiweißstoff Carnitin. Denn Cholin sorgt dafür, daß Carnitin im Körper freigesetzt wird.

Carnitin reguliert unseren Stoffwechsel

Fetttransport in die Körperzellen

Dieser Biostoff transportiert Fett in die Brennkammern unserer Körperzellen. Dabei helfen ihm Vitamin C und – wie bereits erwähnt – Cholin. So wird verhindert, daß sich allzuviel Fett im Blut ansammelt. Das ist besonders wichtig bei den Muskelzellen. Denn sammelt sich in ihnen zuviel Fett an, machen sie schlapp. Carnitin sorgt dafür, daß das Fett aus dem Blut weiter in die Zellen gelangt, damit es dort in Energie umgewandelt werden kann. Somit reguliert Carnitin unseren Energie- und Fettstoffwechsel.

Leider kann unser Körper nur geringe Mengen Carnitin selbst produzieren. Dazu braucht er jedoch Zusatzstoffe: Vitamin C, Vitamin B_6 und Eisen. Der wichtige Biostoff muß ihm also in erster Linie mit der Nahrung zugeführt werden. Bei gesunder Ernährung nehmen wir täglich 100 bis 300 Milligramm Carnitin mit den Lebensmitteln auf.

Carnitin findet man vor allem in Fleisch- und Milchprodukten. Besonders konzentriert ist dieser Fatburner in Geflügel, Schinken, Hammel, Lamm und Käse enthalten.

Ohne Carnitin werden wir krank

Carnitin wird besonders schnell in die Zellen transportiert und dort aufgenommen. 90 Prozent davon wird von den Nieren einbehalten. Die Muskelzellen sind besonders stark auf den Stoff Carnitin angewiesen. Fehlt ihnen dieser Stoff, dann sind sie nicht ausreichend mit Energie versorgt. Das kann vor allem den Herzmuskel schädigen. Ihm fehlt es ohne Carnitin an Energie und Sauerstoff. Die Folgen: Die Zellen sterben ab, der Herzmuskel wird immer schwächer. Es kann zur akuten Herzinsuffizienz kommen. Carnitin spielt noch eine andere bedeutende Rolle für den Körper: Es »entrümpelt« die Fettzellen von verbranntem Fettmaterial. Carnitin entgiftet also unseren Körper, insbesondere unsere Muskelzellen.

Linolsäure baut Fett ab

Linolsäure baut die Darmschleimhaut auf. Wenn diese gesund und dick genug ist, hält sie sehr viel Nahrungsfett bei der Verdauung zurück. Dieses Fett wird dann wiederum in Energie umgewandelt. So wirkt Linolsäure indirekt auf den Fettabbau. Außerdem senkt Linolsäure den Triglyzerid- und Cholesterinspiegel im Blut erheblich.

Linolsäure ist eine Fettsäure und in pflanzlichen Ölen enthalten. Besonders viel Linolsäure befindet sich beispielsweise in Leinsamen. Geringe Mengen dieser Fettsäure sind auch in tierischem Fett enthalten.

Methionin – der Motor gegen Fett

Zu wenig Methionin macht müde und schlapp

Dieser essentielle Eiweißbaustein enthält Schwefel und ist damit der eigentliche Motor des Fettabbaus. Denn: Methionin produziert das aufputschende Adrenalin. Wenn Sie übergewichtig sind und oft müde und schlapp, dann haben Sie möglicherweise zu wenig Methionin im Blut. Methionin ist zudem Bestandteil von Carnitin, das den Transport von Fett in die Brennkammern unserer Körperzellen reguliert.

Radikal rückt Methionin dem Bauchspeck zu Leibe, wenn es in Begleitung der B-Vitamine Cholin, Vitamin B_6 und Folsäure ist. Besonders viel Methionin ist in Eigelb, Fleisch, Geflügel, Leber, Fisch, Sojaprodukten, Käse, Joghurt und Linsen enthalten.

Taurin hilft abspecken

Auch diese Aminosäure enthält Schwefel, denn sie besteht aus den schwefelhaltigen Eiweißbausteinen Methionin und Cystein. Taurin sorgt dafür, daß die Hirnanhangdrüse ausreichend Hormone – z. B. das Wachstumshormon – produziert, die beim Abspecken helfen. Je mehr Taurin dem Körper zugeführt wird, desto größer ist die Leistungsfähigkeit dieser Drüse. So braucht die Hirnanhangdrüse vor allem nachts besonders viel Taurin, um das fettfressende Wachstumshormon, das aus zahlreichen Aminosäuren besteht, aktivieren zu können.

Taurin hat noch eine andere Funktion beim Fettstoffwechsel: Es produziert nämlich Gallensäure, die einen großen Einfluß auf die Fettverbrennung hat. Übergewichtige Frauen leiden häufig an Taurinmangel. Ursache dafür ist das weibliche Geschlechtshormon: Östrogen hemmt nämlich die Taurinproduktion in der Leber. Dadurch wird der Stoffwechsel gebremst. Wer an Methioninmangel leidet, leidet automatisch auch an Taurinmangel, denn das meiste Taurin wird aus Methionin hergestellt.

Was den Stoffwechsel bremst

Taurin findet sich in erster Linie in Krustentieren wie Krabben, Muscheln und Austern. Aber auch in Fleisch und Leber ist reichlich Taurin enthalten.

Leptin – Botenstoff für schlechte Zeiten

Dieses Eiweißhormon wird von den Fettzellen gebildet und wird auch als »Hungerhormon« bezeichnet. Leptin ermöglicht es dem Menschen und auch den Säugetieren, den Stoffwechsel an ein überwiegend knappes Nahrungsangebot, also auch an Hungersnöte, anzupassen. Leptin signalisiert dem Gehirn, wann die Fettdepots erschöpft sind.

Lebensmittel, die Ihrem Stoffwechsel ausreichend fettabbauende Substanzen zuführen, sind:

- Obst
- Gemüse, Salat, Rohkost
- Nüsse
- Vollkornprodukte
- Sojaprodukte
- Naturreis
- Eier
- Mager-Milchprodukte
- Fleisch, Geflügel
- Fisch und Schalentiere

Bildet der Organismus wenig Leptin, weil die Fettspeicher erschöpft sind, schaltet er sozusagen auf ein »Überlebensprogramm« um. Dabei wird sogar die Energie zehrende Fortpflanzung unterbunden; außerdem verringert sich die Bildung von Schilddrüsenhormonen, ebenso die Aktivität des Nervensystems. Produziert der Körper hingegen ausreichend Leptin, hat dies kaum Auswirkungen.

Lebensmittel, die den Fettabbau bremsen, sind:

- Weißmehlprodukte (Weiß-, Mischbrot, Kuchen, Gebäck)
- Zucker, alle Süßigkeiten
- zuckerhaltige Getränke
- fettes Fleisch
- fette Wurst

Wie und in welchem Ausmaß das Leptin die Aktivität weiterer Botenstoffe des Organismus beeinflußt, ist noch unklar. Das Leptin wird in Abständen von den Fettzellen abgegeben, und man weiß: Nachts wird mehr Leptin abgegeben als tagsüber.

Bei Magersüchtigen – so Untersuchungen – steigt die Konzentration von Leptin an, wenn diese zunehmen. Dies führt dazu, daß diese Menschen wieder an Gewicht verlieren, da der Energieverbrauch steigt.

Biostoffe auf einen Blick

Aus der nachstehenden Tabelle sehen Sie nochmals auf einen Blick, welche Biostoffe in den Lebensmitteln enthalten sind.
Diese Biostoffe sorgen dafür,

- daß das Fett besser transportiert und im Körper verbrannt wird und

Welcher Biostoff?	In welchem Lebensmittel?
Vitamin C	frisches Obst und Gemüse (Rohkost)
Cholin	Fleisch, Leber, Eigelb, Blumenkohl, Sojaprodukte, Hülsenfrüchte
Carnitin	Geflügel, Schinken, Muskelfleisch, Lamm, Hammel, Käse
Linolsäure	kaltgepreßtes Pflanzenöl, Leinsamen
Magnesium	Nüsse, Hülsenfrüchte, Vollkornprodukte
Methionin	Eier, Käse, Fleisch, Fisch, Geflügel, Sojaprodukte, Samen
Taurin	Krustentiere (Krabben, Muscheln, Austern), Fleisch, Leber

- daß Eiweiß, das wichtig für den Fettabbau ist, in ausreichendem Maße im Körper vorhanden ist.
- Sie fördern die Produktion der Streßhormone, so daß das überschüssige Fett aus den Depots freigesetzt werden kann.
- Sie stärken den Körper mit Abwehrkräften gegen Anfälligkeit von Krankheiten etc.

Nicht der Darm und dort vorhandene Enzyme sind unsere wichtigsten Fettverbrenner, sondern die Muskeln.

Fazit:

Fettabbauende Biostoffe – und damit ebenfalls echte Fatburner – sind:

✔ Vitamin C
✔ Carnitin
✔ Taurin
✔ Magnesium
✔ Linolsäure
✔ Cholin
✔ Methionin

Enzyme – Wunderwaffe oder Selbstbetrug?

Enzyme gegen Übergewicht

Wieso wird ein Apfel rot, eine Banane braun und das Brot schimmlig? Es sind Enzyme, die den Auf- bzw. Abbau körpereigener Stoffe bewirken. Sie ermöglichen den gesamten Stoffwechsel. Enzyme beschleunigen chemische Reaktionen, sie ermöglichen aber auch Reaktionen, die sonst nicht stattfinden würden. Fast für jede Reaktion haben die Zellen eines Organismus ein besonderes Enzym. Man kennt heute etwa 1000 Enzyme; ihre Zahl ist sicher noch weit größer. Als körpereigene Katalysatoren spielen sie im Stoffwechsel eine tragende Rolle. Dies hat dazu geführt, daß sie als »Wunderwaffe« gegen Übergewicht gehandelt werden. Am bekanntesten ist die »Hollywood-Star-Diät«, bei der Enzyme aus tropischen Früchten zur Gewichtsabnahme führen sollen.

Warum die Hollywood-Diät nicht funktioniert

Ananas, Papaya, Mango, Kiwi etc. enthalten zwar eiweißspaltende Enzyme, genannt Bromelin und Papain. Sie unterstützen die Eiweißverdauung im Magen-Darm-Bereich. Dadurch wird aber die Nahrungsverwertung erst gefördert. Fettdepots und damit Übergewicht werden nicht abgebaut. Da es sich bei Enzymen selbst um Eiweiße handelt, werden sie nach der Aufnahme im Körper abgebaut, also verdaut. Dadurch geht ihre Wirkung vollständig verloren. Die im Stoffwechsel benötigten Enzyme werden im Körper selbst aus Eiweißbausteinen je nach Bedarf hergestellt – man kann sie also nicht »von außen« zuführen.

Enzyme, die Fett bilden

Fett in vernünftiger Menge zu essen – das macht noch lange nicht dick! Erst in Kombination mit den Kohlenhydraten, die unser Körper schnell aufnimmt (z. B. Weißmehlprodukte), und Zucker »schießt« es regelrecht in die Fettpolster. Dabei helfen die fettbildenden Enzyme.

Man kann sich das ganz einfach so vorstellen: Wenn wir eine Schweinshaxe mit Nudeln und anschließend noch Karamelpudding essen, »rennen« zuerst die Kohlenhydrate los in Richtung Fettzellen. Erst viel später folgen die Eiweißbausteine und die Fettmoleküle. Nun wird – dazu später mehr – Insulin in erhöhtem Maße freigesetzt und gibt so den Marschbefehl für die Enzyme. Diese spalten die Fettmoleküle in so winzige Teilchen, daß sie problemlos in die Fettzellen gelangen. Die Fettzellen öffnen sich und warten auf Fettnachschub, der sich dann in ihnen festsetzt.

Sie sehen: Nicht die eiweiß- und fettreiche Schweinshaxe bereitet die Fetteinlagerung in die Speckpolster vor, sondern die kohlenhydratreichen Nudeln. Sind die Kohlenhydrate jedoch schwerer abbaubar (hätten Sie also z. B. Vollwertnudeln oder Naturreis zur Schweinshaxe bestellt!), wird das begleitende Fett über längere Zeit als Energiebrennstoff ins Blut abgegeben und nicht in den Fettzellen eingelagert. Der Haken an der Sache: Die fetteinbauenden Enzyme werden in Hungerphasen besonders reichhaltig bereitgestellt. Deshalb hilft dicken Menschen stundenlanges Fasten gar nichts. Im Gegenteil!

Enzyme sind keine Fettvernichter

Enzymhaltige Präparate – keine Wundermittel

In vielen Anzeigen werden sogenannte enzymhaltige Präparate hoch gelobt und als schlankmachende Wundermittel angepriesen. Diese Enzym-Präparate bestehen aus Extrakten tropischer Früchte wie Ananas, Papaya und Mango. Die eiweißspaltenden Enzyme Bromelain und Papain, die in diesem Obst enthalten sind, unterstützen zwar die Eiweißverdauung im Magen-Darm-Trakt. Dadurch wird aber kein Übergewicht in Form der körpereigenen Fettdepots abgebaut. Denn kein Nährstoff kann im Verdauungstrakt so weit abgebaut werden, daß keine Kalorien übrigbleiben.

Fazit:

✔ Enzyme helfen nicht, Fett im Körper abzubauen!
✔ Hüten Sie sich vor Enzym-Blockern!

Schlankmacher contra Dickmacher

Unser Energiebedarf ist gesunken

Vor hundert Jahren sah alles noch anders aus: Da war körperliche Arbeit eine Selbstverständlichkeit, sitzende Bürotätigkeit dagegen eine Ausnahme. Das hat sich geändert: Im Laufe der Jahrzehnte, vor allem seit den 60er Jahren, hat unser Energiebedarf immer mehr abgenommen. Wir sitzen den ganzen Tag im Büro, bewegen uns auch in der Freizeit viel zu wenig. Das Auto ersetzt lange Fußmärsche, der Fernsehapparat den abendlichen Spaziergang. Selbst wenn Fitneß-Studios Hochkonjunktur haben: Die meisten Bundesbürger bewegen sich zu wenig und essen zu viel. So kurz und knapp zeigt sich zumindest das Ergebnis zahlreicher Studien.

Die Nährstoffdichte ist entscheidend

Als Richtwert für die optimale Versorgung unseres Organismus gilt die sogenannte Nährstoffdichte der einzelnen Lebensmittel. Sie sollte jeweils möglichst hoch sein. Unter Nährstoffdichte versteht der Ernährungswissenschaftler das Verhältnis zwischen Nährstoffmenge und Energiegehalt.

Ein Beispiel mag das verdeutlichen:
Ein Apfel (150 g) enthält 17 mg Vitamin C und 78 kcal. Die Nährstoffdichte beträgt 17:78 = 0,22, also 22 mg/kcal.

Dennoch sind wir in mancher Hinsicht »unterernährt«. Das ist kein Widerspruch: Denn weil wir uns oft falsch und einseitig ernähren, wird unser Körper oft mit zu wenig Vitaminen, Mineralstoffen und Spurenelementen, mit Ballaststoffen und »guten« Kohlenhydraten versorgt. Der Bedarf an den grundlegenden Nährstoffen ist jedoch mindestens genauso hoch wie bei unseren Vorfahren. In mancher Hinsicht sogar höher, denn wir leben mit mehr Streß und mehr Umweltproblemen als die Menschen vor hundert Jahren. Das sollte sich auch auf die Auswahl unserer Nahrungsmittel auswirken. Doch davon später mehr.

Weniger Fett – mehr Nährstoffdichte

Lebensmittel mit hoher Nährstoffdichte enthalten – in bezug auf die Kalorien – viele Vitamine und Mineralstoffe. Besonders wertvoll sind deshalb

- Vollkornprodukte
- Gemüse
- Hülsenfrüchte
- fettarme Milchprodukte
- mageres Fleisch
- Obst
- Kartoffeln
- Milch
- Fisch

Die Spitzenreiter hochwertiger Lebensmittel

Spitzenreiter unter den qualitativ hochwertigen Lebensmitteln sind grüne Blattgemüse (z. B. Spinat), Kohlgemüse (z. B. Grünkohl, Brokkoli, grüne Bohnen), Feldsalat, Paprika, Möhren, Tomaten und Kürbisse sowie alle tropischen Früchte (z. B. Melonen, Papayas, Kiwis, Mangos), Zitrusfrüchte und Beerenfrüchte. Diese Gemüse- und Obstsorten enthalten besonders viel Vitamin A und C sowie Ballaststoffe und Mineralien. Dabei haben sie jedoch nur einen geringen Kaloriengehalt.

Bei Getreideprodukten sollten Sie sich an die Regel halten: Je geringer der Verarbeitungsgrad und der Zusatz von Zucker, Salz und Fett, desto höher ist die Nährstoffdichte. Ein selbstgemachtes Müsli aus Vollkornflocken mit frischem Obst und fettarmer Milch hat mehr Vitamine und Mineralstoffe als ein Fertigmüsli mit hohem Zuckergehalt.

Fett vermindert die Nährstoffdichte

- Essen Sie also statt Fett mehr Kohlenhydrate. Greifen Sie jedoch bitte nicht zu Zucker und Süßigkeiten. Durch Zusatz von Zucker oder Salz beim Kochen wird die Nährstoffdichte nämlich herabgesetzt.
- Bevorzugen Sie Produkte aus Vollkorn anstelle von solchen aus Weißmehl. Bei diesen Lebensmitteln gerät der Stoffwechsel nämlich »in Unordnung« und tut sich besonders schwer mit dem Fettabbau.

Essen Sie kein oder nur wenig Fleisch? Dann probieren Sie doch mal Gerichte mit Hülsenfrüchten. Sie sind eiweiß- und ballaststoffreich und versorgen den Körper mit wertvollen Vitaminen und Mineralstoffen. Spitzenreiter unter den Hülsenfrüchten sind Sojabohnensprossen, Bohnen und Erbsen. Auch Linsen und Tofu sind sehr wertvoll.

Lieber Käse statt Wurst

Milch und fettarme Milchprodukte liefern uns hochwertiges Eiweiß, Calcium sowie wertvolle Vitamine und sollten deshalb zu einer ausgewogenen Ernährung gehören. Essen Sie öfter mal Käse anstelle von Wurst. In der Regel ist Käse fettärmer als Wurstwaren. Fleisch, Geflügel und Fisch liefern hochwertiges Eiweiß, wichtige B-Vitamine und Mineralstoffe sowie wertvolle Spurenelemente wie Eisen, Zink, Selen und Jod. Bevorzugen Sie jedoch fettarme Fleischsorten. Bezüglich der Nährstoffdichte schneiden Geflügel und fettarmer Fisch besser ab als fettreiches Fleisch und Wurst.

Zucker und Fett – die Dickmacher-Kombi

Besonders ungünstig ist die Kombination von Zucker und Fett. Deshalb kann schon ein Stück Torte »dicker machen«, als es seiner eigentlichen Kalorienzahl entspricht. Sobald Sie süße, fette Torte kauen, werden nämlich fetteinbauende Enzyme aktiv. Diese Enzyme öffnen die Eingänge der Fettzellen und halten sie für Stunden geöffnet. So wird das Fett auch stundenlang nicht abgebaut. Wissenschaftler haben ausgerechnet, daß beispielsweise ein einziges Stück Sahnetorte die Zunahme von einem Kilogramm Körpergewicht bewirken kann!

Vorsicht vor verstecktem Zucker

Auch wenn Sie Ihren Kaffee und Tee ungesüßt trinken und die Quarkspeise nicht mit Zucker anrühren, nehmen Sie bei normaler Nahrungsaufnahme noch immer viel Zucker zu sich. Dieser befindet sich nämlich versteckt in zahlreichen Lebensmitteln. So enthält ein Stück Sahnetorte 16 Teelöffel Zucker, 0,3 Liter Cola vier Teelöffel!

Fit- und Schlankmacher
Das dürfen Sie unbeschwert genießen:

Fit- und Schlankmacher	*Warum?*
Obst	hohe Nährstoffdichte
Obst- und Gemüsesäfte	viele Vitamine, Mineralstoffe
Salate	hohe Nährstoffdichte
Gemüse	hohe Nährstoffdichte
Hülsenfrüchte	viele Ballaststoffe
Vollkornprodukte (Brot, Müsli)	viele Ballaststoffe
Fisch	viel Eiweiß, viele Mineralstoffe
Hummer	viel Eiweiß, wenig Fett
Geflügel	wenig Fett
Rind- und Schweinefilet	viel Eiweiß, wenig Fett, viele Vitamine und Mineralstoffe
Mineralwasser	keine Kalorien
Tee, ungezuckert	keine Kalorien
Kartoffeln	viele Kohlenhydrate, wenig Fett
Nudeln, Reis	viele Kohlenhydrate, wenig Fett
Joghurt, Quark	viel Eiweiß, wenig Fett
kaltgepreßte Pflanzenöle	viele Vitamine, Mineralstoffe

Alkohol als Dickmacher?

Alkohol macht dick

Nach dem Spitzenreiter Fett ist Alkohol in der Rangliste der Dickmacher gleich auf Platz zwei. Alkohol hat einen physikalischen Brennwert von sieben kcal/g. Deshalb sollten Sie die Finger vom Schoppen Wein, dem Gläschen Bier oder dem Stamperl Schnaps lassen, wenn Sie zuviel Kilo auf die Waage bringen.

Alkohol fördert die Fetteinlagerung

Schon bei normaler Ernährung verstärkt Alkohol die Fettspeicherung und erhöht damit das Risiko für Übergewicht. Dennoch machen Wein, Bier und Co. nicht automatisch dick: Bei Versuchen an Testpersonen hat man festgestellt, daß durch erhöhten Alkoholkonsum die Aufnahme anderer Energieträger verringert wurde. Sprich: Alkohol macht satt, und man ißt statt dessen weniger.

Dies ist jedoch kein Plädoyer für Alkohol – und schon gar nicht, wenn er in großen Mengen getrunken wird. Kleinere Mengen jedoch schaden der Gesundheit nicht: Pro Tag ein Glas Weißwein (0,2 l = 130 kcal) oder ein Fläschchen Bier (0,33 l = 130 kcal) schlagen auch

Nicht zugreifen: Dickmacher!
Hüten Sie sich vor:

Dickmacher – stopp!	Warum?
Alkohol	hemmt den Fettabbau
Salate mit Mayonnaise	viel Fett
Cremetorte	viel Fett, viel Zucker
Pralinen	viel Fett, viel Zucker
Rührei mit Speck	viel Fett
Aal	viel Fett
Bratwurst	viel Fett
Pommes frites	viel Fett
Wurst, Pastete	viel Fett
Doppelrahmkäse	viel Fett
Sahnesoße	viel Fett
Crème fraîche	viel Fett
Schmalz	viel Fett
Gänsebraten	viel Fett

in einem Diät-Speiseplan nicht allzusehr zu Buche. Manchmal ist es unter Umständen leichter, harte Fastenzeiten durchzustehen, wenn man sich auf ein kleines Glas Wein oder Bier freuen kann ...

Haupt-Cholesterin-Lieferanten		
20 g	Butter	45 mg
100 g	Schweineschnitzel	70 mg
100 g	Wurst	85 mg
100 g	Aal	100 mg
100 g	Muscheln	100 mg
100 g	Krabben	150 mg
1	Ei	290 mg
100 g	Kalbsleber	350 mg

Cholesterin ist nicht gleich Cholesterin

Ein bis eineinhalb Gramm Cholesterin werden täglich in der Leber hergestellt. Cholesterin ist lebensnotwendig, denn es ist Bestandteil der Zellmembran. Außerdem ist es für den Aufbau von Gallensäure, Vitamin D und wichtigen Hormonen verantwortlich. So werden im Körper 90 Prozent des Bedarfs an Cholesterin produziert. Nur der Rest – also lediglich zehn Prozent – wird mit der Nahrung aufgenommen. Täglich sind das etwa 300 bis 700 Milligramm.

Zehn Prozent des Cholesterinbedarfs über die Nahrung

Cholesterin ist nur in geringem Maße in der Nahrung enthalten. In der obenstehenden Tabelle sehen Sie die Lebensmittel, die am meisten Cholesterin enthalten.

Es gibt zwei Arten von Cholesterin:

- Cholesterin mit geringer Dichte. Es besteht fast ausschließlich aus Fetten (vor allem aus »versteckten« Fetten).
- Cholesterin mit hoher Dichte dagegen ist in fettarmen Lebensmitteln zu finden.

Das »fettarme« Cholesterin wird fast ausschließlich für die Energieerzeugung genutzt. Das »fette« Cholesterin lagert sich hingegen in den Fettzellen ab. Aber auch dieses Cholesterin hat seine Aufgabe: Es ist wichtig für den Transport von Fettbrennstoffen. Erst wenn durch

Zuviel Cholesterin ist gefährlich

falsche Ernährung zuviel Cholesterin aufgenommen wird, wird es »gefährlich« für unsere Gesundheit. Dann steigen nämlich die Blutfettwerte, es entsteht eine Fettleber, und die Zellen des Herzmuskels können nicht mehr richtig arbeiten.

Auf die Regulierung der Blutfettwerte achten

Statistiker wissen: Mehr als die Hälfte aller Deutschen hat zu hohe Blutfettwerte. Dabei gelten diese hohen Werte als wahrscheinlich wichtigster Risikofaktor für das Entstehen von Herz- und Kreislauferkrankungen. Sie sind insbesondere für Arteriosklerose und die Entwicklung von Herzinfarkten verantwortlich. Dazu kommt es, wenn sich in den Blutgefäßen Fette ablagern und sogenannte »Plaques« bilden, die dann im schlimmsten Fall die Arterien verstopfen. Bewegungsmangel, falsche Ernährung (vor allem zu fette Nahrung), Rauchen und Alkoholkonsum gehören zu den Hauptursachen für Herzinfarkt, Hirnschlag oder Durchblutungsstörungen.

> Eine Ernährung mit viel fettem Fleisch, Wurst und Käse sowie übermäßiger Alkoholgenuß stören das Gleichgewicht aller Blutfette. Schon nach einer einzigen fetten Mahlzeit steigen die Cholesterin- und Triglyceridwerte im Blut meßbar an. Trinkt man dann noch zur Verdauung einen Schnaps hinterher, erhöht sich der Gehalt dieser schädlichen Blutfettwerte noch mehr!

Manche Menschen sind zudem besonders veranlagt, Blutfette in besonders hohem Maße im Blut anzuhäufen. Ein gesunder Mensch sollte einen Cholesterinwert von unter 200 Milligramm je Liter Blut haben. Hat man höhere Werte, sollte man seine Ernährung umstellen.

Man sollte

- ballaststoffreiche Kost zu sich nehmen,
- mehr Pflanzenöle verwenden und
- auf Alkohol und Nikotin verzichten.

Eine regelmäßige Kontrolle des Blutfettspiegels durch den Arzt ist deshalb für jeden Menschen ab einem Alter von 20 Jahren wichtig. Mit jedem Prozent Senkung nimmt nämlich das Risiko für Herz- und Gefäßerkrankungen um zwei Prozent ab. Körpereigene Wirkstoffe schaffen es auf natürliche Weise, Fettmoleküle zur Leber hin abzutransportieren. Diese Substanzen haben eine hohe Dichte und sind für den Fettabbau begrüßenswert.

Essen Sie beispielsweise Torte, steigt Ihr Blutzuckerspiegel an und die Insulinproduktion wird angeregt.

Insulin macht uns dick!

Insulin entsteht in der Bauchspeicheldrüse mit Hilfe des Kohlenhydrates Glukose und ist am meisten daran schuld, daß wir zu viele Kilo mit uns herumschleppen. Übergewichtige Menschen haben nämlich häufig einen erhöhten Insulinspiegel. Deshalb fällt es ihnen besonders schwer, Speck abzubauen. Das liegt an einem wahren Teufelskreis:

Übergewichtige Menschen haben häufig einen erhöhten Insulinspiegel

- Ißt man kohlenhydratreiche Nahrungsmittel, die viel Glukose enthalten (z. B. Kuchen, Teigwaren), steigt der Blutzuckerspiegel an.
- Die Insulinproduktion wird enorm angeregt.
- Damit wird die Fetteinlagerung begünstigt.
- Durch die erhöhte Insulinausschüttung gerät der Stoffwechsel in Unordnung.
- Die Bauchspeicheldrüse wird überbeansprucht und arbeitet nicht mehr richtig.
- Insulin erhöht sogar die Aufnahme von Glukose in die Fettzellen und hemmt damit den Fettabbau. Es hat also sogar eine fettaufbauende Wirkung.

Normalgewichtige brauchen das Insulin nicht zu fürchten. Im Gegenteil: der Körper braucht dieses Hormon zur Regulierung des Blutzuckerspiegels:

- Nach Verzehr von kohlenhydratreichen Lebensmitteln wird automatisch Insulin in den Körper abgegeben.
- Damit senkt sich der Blutzuckerspiegel.
- Das Insulin wirkt dabei wie ein Schlüssel: Er schließt die Zellen für Zucker auf, damit er dorthin gelangen kann, wo er benötigt wird (beispielsweise auch in die Muskelzelle zur Energiegewinnung aus Kohlenhydraten).

Insulin begünstigt die Fetteinlagerung

Je dicker ein Mensch ist, desto höher sind in der Regel seine Insulinwerte – ganz egal ob er gerade gegessen hat oder fastet. Und: ein übergewichtiger Mensch mit erhöhten Insulinwerten kann noch soviel Sport treiben – der Blick auf die Waage wird stets enttäuschend sein, der Zeiger wird sich kaum nach unten bewegen. Der Grund: Die Fettzellen bleiben – wegen der nicht funktionierenden Bauchspeicheldrüse – geöffnet und warten auf weitere »Nahrung«.

> Kann der Blutzuckerspiegel durch erhöhte Fettspeicherung nicht gesenkt werden, führt das nicht nur zu Übergewicht, sondern langfristig auch zu Diabetes. Leidet ein normalgewichtiger Mensch unter Insulinmangel, so führt das ebenfalls zu Diabetes.

Besonders schlimm wirkt es sich aus, wenn sich Übergewichtige fast ausschließlich von Fast food ernähren. Denn das ist wahrhaft keine ausgewogene Ernährung: Die im Fast food enthaltenen Kohlenhydrate werden, in Kombination mit dem Fett, schnell aufgenommen und regen die Ausschüttung von Insulin besonders stark an. Die Folge: Das aufgenommene Fett landet in den Fettdepots und wird dort erst einmal eingelagert – bald sichtbar als Fettpolster an Hüfte und Bauch.

Tierische Fette – die heimlichen Dickmacher

Sie wissen ja schon: Ein Gramm Fett liefert neun Kilokalorien. Deshalb würde es eigentlich ausreichen, wenn wir nicht mehr als ein knappes Drittel – 30 Prozent – des täglichen Energiebedarfs in Form von Fett aufnehmen würden. Doch die Realität sieht leider anders aus – ganz anders: In Deutschland essen wir mindestens doppelt soviel Fett, wie wir benötigen: 140 Gramm täglich. Und das macht uns auf Daucr dick und krank.

Pflanzenfette – die wertvollen Energielieferanten

Fett ist nicht gleich Fett. Denn wir unterscheiden zwischen tierischem und pflanzlichem Fett. In letzterem sind die für unseren Körper wertvollen mehrfach ungesättigten Fettsäuren enthalten.

> Bevorzugen Sie Pflanzenöle wie Sonnenblumenöl, Distel-, Soja- und Maiskeimöl. Sie enthalten am meisten Linolsäure. Pflanzenfette haben noch einen weiteren Vorteil gegenüber tierischem Fett: Sie enthalten kein Cholesterin und sind deshalb zur Vorbeugung und Behandlung bei erhöhtem Blutfett- oder Cholesterinspiegel zu empfehlen.

Unter ihnen ist besonders die Linolsäure gesundheitlich wertvoll. Auch für jeden, der ein paar Kilo verlieren will, ist die Linolsäure wichtig: Denn sie beschleunigt – siehe oben – den Fettabbau im Körper. Speisefett und -öle werden nach ihrem Gehalt an Linolsäure bewertet.

Vorsicht vor versteckten Fetten

Nicht immer ist Fett in der Nahrung deutlich sichtbar

Tierische Fette sind, wie die Bezeichnung schon sagt, in Tierprodukten enthalten. Jeder kennt den Fettrand am feinen Lachsschinken oder das von Fettadern durchzogene Steak, das Fett unter der Kruste des Schweinebratens oder unter der Haut der Martinsgans. Hier ist das Fett deutlich sichtbar. Doch leider kann man es in den meisten Fällen nicht so deutlich sehen – und deshalb neigen wir auch dazu, uns viel zu fettreich zu ernähren. Denn oft wissen wir gar nicht, daß ein Lebensmittel Fette enthält – sie »verstecken« sich sozusagen.

Fett findet sich fast überall

Fette in Lebensmitteln enthalten in erster Linie gesättigte Fettsäuren. So beispielsweise im Fleisch, Fisch, Käse, Ei, in Wurst oder auch im Kuchen. Wußten Sie, daß wir täglich etwa 40 Gramm Fett mit diesen Lebensmitteln zu uns nehmen? Dabei scheint ein Ei doch gewiß kein Fett zu enthalten, auch im Nußkuchen sehen wir es nicht. Doch Vorsicht: Durch versteckte Fette nehmen wir am Tag fast doppelt soviel Fett zu uns, wie wir benötigen. Werfen Sie einmal einen Blick auf die untenstehende Tabelle – Sie werden staunen, wieviel Fett in manchen »harmlosen« Lebensmitteln verborgen ist:

Nahrungsmittel je 100 Gramm	Versteckte Fettmenge	Nahrungsmittel je 100 Gramm	Versteckte Fettmenge
Speck, durchwachsen	82 g	Blätterteig	30 g
Mayonnaise	bis 80 g	Aal	30 g
Knabbernüsse	60 g	Camembert, 60% F.i.Tr.	30 g
Mettwurst	52 g		
Salami	50 g	Thunfisch in Öl	bis 25 g
Schweinebauch	42 g	Brathering	23 g
Kartoffelchips	40 g	Matjes	23 g
Leberwurst	40 g	Schinken, gekocht	20 g
Vollmilchschokolade	33 g	Torte	20 g
Bratwurst	32 g	Pralinen	etwa 16 g
Schlagrahm	30 g	Kuchen	16 g
Schnitzel	30 g	2 kleine Eier	12 g

Unser Ernährungstip:
Essen Sie mehr pflanzliche Lebensmittel! Glauben Sie nicht, daß Sie auf tierische Erzeugnisse nicht verzichten könnten: Vegetarier schaffen das ohne weiteres! Wir wollen Sie aber ganz gewiß nicht dazu »bekehren«, künftig nur noch pflanzliche Kost zu sich zu nehmen – im Gegenteil: Zu einer ausgewogenen Kost gehören tierische Produkte durchaus dazu. Sie sollten nur darauf achten, Ihren Speisezettel ein wenig umzustellen: Es muß nicht jeden Tag ein Stück Fleisch auf dem Mittagstisch stehen, es muß nicht jeden Tag Wurst, Schinken oder Käse sein.

Lassen Sie tierische Dickmacher weg!

Essen Sie mehr pflanzliche Lebensmittel:

- Brot
- Kartoffeln
- Obst
- Salat
- Gemüse

Nicht jeden Tag tierische Produkte essen!

So kaufen Sie richtig ein!

Achten Sie bei tierischen Lebensmitteln immer auf den Fettgehalt. Wenn Sie auf der Käseverpackung beispielsweise den Hinweis »45 Prozent F.i.Tr.« aufgedruckt finden, dann bedeutet das: In einer Scheibe Käse sind 45 Prozent Fett in der Trockenmasse enthalten. Das entspricht einem wahren Fettgehalt von neun Gramm. Ein Glas Vollmilch enthält zum Beispiel sieben Gramm Fett. Demgegenüber enthält ein Ei bereits sechs Gramm Fett! Verzichten Sie auf fette Wurstwaren (z. B. Leberwurst, Salami, Schwartenmagen).

Kaltgepreßtes oder raffiniertes Öl?

Qualitätsunterschiede bei Pflanzenfetten

Wegen der ungesättigten Fettsäuren sind pflanzliche Öle gesünder als tierische Fette. Dennoch dürfen Sie den Blick aufs Etikett beim Einkauf nicht vergessen. Denn auch bei den Pflanzenfetten kennen wir große Qualitätsunterschiede.

Kaltgepreßte Öle sind naturbelassen, also nicht raffiniert. Sie enthalten noch viele Vitamine sowie essentielle Fettsäuren. Mit ihrem sortentypischen Geschmack sind diese Öle bestens für Salate geeignet. Zum Braten sind sie allerdings ungeeignet, da die Fettsäuren bei hohen Temperaturen zerfallen und schwer verdaulich werden. Wer auf den nussigen Geschmack des Olivenöls beim Kochen aber dennoch nicht verzichten will, sollte das Öl in kleinen Tropfen kurz vor dem Servieren von Suppen oder Soßen zufügen.

Vorsicht bei Ölen mit ungewisser Herkunft

Da die kaltgepreßten Öle meist aus südlichen Ländern stammen, in denen die Pflanzen oft in hohem Maße mit Pflanzenschutzmitteln gespritzt werden, können sie noch reichlich Schadstoffe enthalten. Deshalb sollte man beim Einkauf darauf achten, daß man allerbeste Qualität erhält. Eine Garantie dafür gibt es nicht, aber Öl aus dem Reformhaus ist in jedem Fall auf Rückstände von Pflanzenschutzmitteln und den Gehalt von Schadstoffen überprüft.

Raffinierte Öle dagegen werden erhitzt, gereinigt und weitgehend von Schadstoffen befreit. Allerdings büßen sie dadurch etwa zehn bis 40 Prozent des Vitamins E ein. Die essentielle Linolsäure bleibt jedoch erhalten. Raffinierte Öle mit essentiellen Fettsäuren sind zum Beispiel Traubenkernöl, auch einige Distelöle.

Mit Distelöl kann man gut dünsten oder zart braten. Zum stark Erhitzen eignet sich besonders gut Erdnußöl, das reichlich wichtige Inhaltsstoffe enthält. Gut zum Braten geeignet ist auch Kokos- und Palmkernfett. Beide Fette sind hoch erhitzbar und im Geschmack neutral.

Triglyceride – die Dickmacher

Mit der Nahrung nehmen wir Fettmoleküle, die sogenannten Triglyceride, auf. Rund 98 Prozent der Nahrungsfette bestehen aus ihnen. Diese Fettpartikel sind oft so groß, daß sie schwer verdaulich sind und deshalb im Körper, und zwar im Hüftspeck, »zwischengelagert« werden. Außerdem enthalten sie keinen Sauerstoff und brennen deshalb besonders lange: Das führt dazu, daß sie dem Körper viel Energie liefern. Um die Triglyceride abzubauen, benötigt man sogenannte Phospholipide. Sie lösen die Fettpartikel bereits im Magen in winzige Fetttröpfchen auf. In Pflanzenzellen sind Triglyceride schon in einzelne Partikel aufgelöst, umschlossen von einer Schicht aus Phospholipiden. Deshalb ist pflanzliches Fett besonders gut verdaulich.

Fettsäuren und ihre unterschiedlichen Eigenschaften

Die Hauptbestandteile der Nahrungsfette sind die Fettsäuren. Man kennt »gesättigte Fettsäuren« und »ungesättigte Fettsäuren«:

- Die gesättigten Fettsäuren, z. B. Buttersäure und Stearinsäure, zeigen eine geringe Reaktionsfähigkeit im Körper.
- Die ungesättigten Fettsäuren sind reaktionsfähiger. Die meisten dieser ungesättigten Fettsäuren kann der Körper nicht selbst aufbauen. Man nennt sie deshalb »essentielle«, also lebensnotwendige Fettsäuren (z. B. Linolsäure). Essentielle Fettsäuren kommen in Pflanzenölen und tierischen Fetten sowie in Fischölen vor.

Wie gesund ein Nahrungsfett ist, hängt von seiner physiologischen Wertigkeit ab. So nennt der Ernährungswissenschaftler das Verhältnis der mehrfach ungesättigten Fettsäure zur gesättigten Fettsäure. Jugendliche und Erwachsene sollten 3,5 Prozent der Energie in Form von essentiellen Fettsäuren aufnehmen. Ein Zuviel an gesättigten Fettsäuren bringt bei Erwachsenen ein hohes Risiko für Herz- und Gefäßleiden mit sich. Optimal ist eine Fettsäurezufuhr von $^1/_3$ gesättigten, $^1/_3$ einfach ungesättigten und $^1/_3$ mehrfach ungesättigten Fettsäuren.

Zuviel gesättigte Fettsäuren bergen ein Gesundheitsrisiko in sich

Omega-3-Fettsäuren

Nicht alles, was teuer ist, ist auch sinnvoll. In letzter Zeit machen die sogenannten Omega-3-Fettsäuren von sich reden, denn man sagt ihnen eine besonders günstige Wirkung auf den Organismus nach. Fischöl-Kapseln, in denen reichlich Omega-3-Fettsäuren enthalten sind, werden für viel Geld auf dem Markt angepriesen. Und die Bundesbürger lassen sich diese Präparate auch etliches kosten. In Wirklichkeit sind diese Omega-3-Fettsäuren nichts anderes als mehrfach ungesättigte Fettsäuren; sie sind hauptsächlich in Fischen und Fischölen enthalten. Die bekannteste Omega-3-Fettsäure ist die Linolensäure. Wenn man sich ausgewogen und vollwertig ernährt und einmal wöchentlich Seefisch auf den Speiseplan setzt, nimmt man genügend dieser essentiellen Fettsäuren auf.

Seefisch enthält viele Omega-3-Fettsäuren.

Auf den Speiseplan gehört Fisch

Die Forscher streiten noch ...

Die Meinungen der Wissenschaftler über die Wirksamkeit der Omega-3-Fettsäuren auf den Körper gehen weit auseinander. So sollen die Omega-3-Fettsäuren einerseits die Blutgerinnung hemmen. Menschen, die aufgrund einer Erkrankung Fett meiden sollen, müssen auch Fischöl weglassen. Schwankende Ergebnisse hat man zudem bei der Immunabwehr des Körpers beobachtet.

Klar ist andererseits, daß die Omega-3-Fettsäuren den Blutdruck und die Blutfette senken. Bei Diabetikern, die Omega-3-Fettsäuren zu sich genommen haben, wurde die Entstehung von Gefäßkomplikationen herabgesetzt bzw. gehemmt. Andere Untersuchungen ergaben allerdings erhöhte Blutzuckerwerte und eine abgeschwächte Insulinresistenz bei Diabetikern, die kein Insulin spritzen müssen.

Bitte keine teuren Kapseln

Da man über die gesundheitliche Bedeutung dieser hochwertigen Fettsäuren aber noch nicht ausreichende Forschungsergebnisse vorliegen hat, empfiehlt es sich bestimmt nicht, teure Fischöl-Kapseln zu kaufen.

Fazit:

- ✔ Bevorzugen Sie Lebensmittel mit hoher Nährstoffdichte wie Gemüse, Obst, Vollkornprodukte und fettarme Milchprodukte.
- ✔ Meiden Sie Zucker, Salz und fetthaltige Lebensmittel.
- ✔ Pflanzliche Nahrungsmittel sind wertvoller als tierische.
- ✔ Hüten Sie sich vor versteckten Fetten.
- ✔ Einmal wöchentlich sollte Seefisch auf dem Speiseplan stehen.

Übergewicht contra Idealgewicht

Auf Dauer macht Übergewicht krank

Oft jahrelang schleppen wir das Zuviel an Pfunden (oder sogar Kilo) mit uns herum und schädigen so unseren Körper. Statistiken zeigen: Allein 77 % der Übergewichtigen leiden an Erkrankungen des Stoffwechsels. Dazu kommt noch eine ganze Liste anderer Beschwerden und Leiden, die mit dem Übergewicht Hand in Hand gehen:

- Herz- und Kreislauferkrankungen: Bluthochdruck, Herzinfarkt
- Störungen des Fettstoffwechsels
- Magen-Darm-Beschwerden
- Diabetes
- Wirbelsäulen- und Gelenkerkrankungen
- Atemwegserkrankungen
- Steinleiden (z. B. in der Gallenblase)
- Komplikationen bei Schwangerschaft und Geburt

Von »krankhafter Fettleibigkeit« sprechen die Ärzte, wenn jemand mehr als 40 Kilogramm Übergewicht hat. Bei diesen Menschen liegt – so vermutet man – ein Gendefekt vor, der verhindert, daß die Fettverbrennung im Körper normal abläuft.

Natürlich macht nicht jedes Pfund, das über dem Normalgewicht liegt, gleich krank. Wer jedoch mehr als zehn bis zwanzig Prozent über dem Normalgewicht auf die Waage bringt, wird sein Herz und den Kreislauf sowie seine Gelenke und seinen Bewegungsapparat deutlich stärker belasten. Untersuchungen zeigen:

- Übergewichtige Menschen neigen dreimal häufiger zu Bluthochdruck als jene Mitbürger, deren Gewicht im Normbereich liegt.
- Dreimal soviel Dicke als Schlanke haben überhöhte Cholesterinwerte.
- Übergewichtige sind dreimal eher zuckerkrank.
- Stark übergewichtige Frauen bekommen wesentlich häufiger Brust-, Gebärmutter- und Gallenblasenkrebs.
- Menschen mit 40 Prozent über dem Normalgewicht sterben deutlich häufiger an Darm- und Prostatakrebs.

Doch ob nun übermäßige Ernährung oder Gene schuld am Übergewicht sind – eines steht in jedem Falle fest: Einmal vorhandene Fettzellen lassen sich so schnell nicht mehr weghungern. Wer entsprechend veranlagt ist und sich über viele Jahre oder Jahrzehnte hinweg falsch ernährt, muß damit rechnen, daß die Anzahl der Fettzellen im Alter sogar noch zunimmt. Bei einer Schlankheitskur können diese Zellen zwar schrumpfen. Doch sie »warten« auch darauf, möglichst schnell wieder gefüllt zu werden. Deswegen nimmt man nach einer Diät oder Abmagerungskur so schnell wieder zu.

Fettzellen verschwinden nicht, sie schrumpfen

»Gute« und »schlechte« Nahrungsverwerter

Ein Fünftel aller Übergewichtigen hat es besonders schwer: Das sind die sogenannten »guten Futterverwerter«. Der Stoffwechsel dieser Menschen verläuft besonders ökonomisch, ihr Körper verbrennt die Nahrung einfach optimal: Er wandelt besonders viele Kalorien in Fett um, um so Energie zu speichern. Bei schlanken Menschen (»schlechte Futterverwerter«) verpuffen dagegen täglich rund 400 Kalorien ungenutzt und werden als Wärme abgegeben. Sie nützen die zugeführten Kalorien nicht so effizient zur Bildung von Fettpolstern aus.

Sind Übergewichtige mangelernährt?

Selbst wenn ein Dicker fortwährend ißt, wenn er ständig Süßigkeiten nascht, wenn er immer wieder in die Tüte mit den Kartoffelchips greift: Das Sättigungsgefühl bleibt dennoch meistens aus. Das ist dann ein Anzeichen für Mangelernährung. Nicht alle Übergewichtigen leiden darunter, aber sehr viele. Das Hauptkennzeichen dafür ist das ständige Hungergefühl. Neueste Erkenntnisse zeigen auch den Grund dafür an: Übergewichtige haben einen anderen Stoffwechsel als Schlanke. Bei ihnen wandert die aufgenommene Energie ins Körperfett – und nicht dorthin, wo sie eigentlich benötigt wird, nämlich in die Muskelmasse. Und genau deshalb leiden Dicke unter dem 11-Uhr-Loch, »brauchen« sie nachmittags Kaffee und Kuchen sowie einen Snack beim abendlichen Fernsehprogramm.

Sind Frauen dicker als Männer?

Aller Gleichberechtigung zum Trotz: Die Körper von Frauen und Männern sind – vom berühmten »kleinen Unterschied« mal abgesehen – auch in anderer Hinsicht sehr verschieden. Frauen besitzen grundsätzlich weniger Muskelzellen als Männer. Das bedeutet: Sie verbrennen auch weniger Kalorien. Frauen sind so »angelegt«, daß sie Fett möglichst schnell und sicher speichern können. Der Grund liegt in den Hormonen: Frauen brauchen mehr Fett als Männer, um fruchtbar zu bleiben.

Östrogen macht es den Frauen »schwer«

Schuld daran, daß das weibliche Geschlecht in der Pubertät, bei der Menstruation, in Schwangerschaft und Wechseljahren oft an Gewicht zulegt, ist das weibliche Hormon Östrogen. Es sorgt dafür, daß Fett besonders dort gelagert wird, wo wir es am wenigsten haben wollen: an Hüfte, Oberschenkeln und am Po. Östrogene führen außerdem dazu, daß sich im Körpergewebe zusätzlich Wasser ansammelt. Das merkt fast jede Frau vor ihren »Tagen«: Denn vor der Menstruation ist diese Wassereinlagerung am größten, und Gewichtszunahmen von ein paar Kilo sind durchaus keine Seltenheit.

Allerdings darf man Östrogen deswegen nicht »verdammen«. Es hat nämlich durchaus seine guten Seiten – von denen als Sexualhormon mal ganz abgesehen: Verbunden mit Bewegung und Calcium aus der Nahrung schützt Östrogen vor der gefürchteten Osteoporose (= Knochenentkalkung im Alter).

Dicke Männer leben gefährlicher

Männer haben's nur auf den ersten Blick besser. Frauen müssen mit dem Fett einlagernden Hormon Östrogen klarkommen, während das männliche Geschlechtshormon, das Testosteron, genau die gegenteilige Wirkung hat: Es baut Fett ab. Zudem fördert Testosteron den Aufbau von Muskelzellen. Männer nehmen deshalb eher am Bauch zu und nicht an Po, Hüfte oder Oberschenkeln.

Allerdings: Diese »männliche« Gewichtszunahme ist viel gefährlicher. Denn der berühmt-berüchtigte »Bierbauch« besteht aus reinem, überflüssigem Fett. Der Körper kann es nicht verwerten – und so wirkt es sich negativ auf Herz und Kreislauf aus. Aus diesem Grunde sollten übergewichtige Männer noch eher abnehmen als Frauen. Frauen vertragen ruhig mal ein paar mollige Kilo zuviel – die sind noch lange nicht gesundheitsgefährdend.

Noch eine Ungerechtigkeit zwischen den Geschlechtern: Männer haben es beim Abnehmen leichter als Frauen. Der männliche Körper reagiert einfach schneller auf jegliche Ernährungsumstellung – also auch jede Diät – und auf körperliche Aktivitäten. Männliche Fettzellen sind kleiner als die weiblichen: Sie können somit nicht so viel Fett einlagern. Zudem enthalten sie mehr fettabbauende Enzyme.

BMI – drei Buchstaben für ein neues Idealgewicht

Das persönliche Gewicht

Das individuelle »Idealgewicht« errechnet man nach dem Gewichtsindex BMI. Diese drei Buchstaben bedeuten Body Mass Index. Keine Scheu, wenn Sie kein Mathematikgenie sind – eine einfache Formel macht es Ihnen leicht, Ihre BMI-Kennzahl zu erstellen: Sie teilen Ihr Körpergewicht (in Kilogramm) durch das Quadrat der Körperlänge (in Metern).
Das sieht so aus:

$$\text{BMI} = \frac{\text{Körpergewicht (in Kilogramm)}}{\text{Körpergröße (in Metern)}^2}$$

Ein Beispiel hilft bei der Verdeutlichung: Sie sind weiblich und wiegen 64 Kilogramm bei einer Körpergröße von 1,70 Metern. Ihr BMI-Wert beträgt dann: 64 geteilt durch 1,70 zum Quadrat = 22,1.

Man geht davon aus, daß bei Frauen eine BMI-Zahl von 19 bis 24 wünschenswert ist. Bei Männern liegt der ideale BMI-Wert zwischen 20 und 25. Bei unserem obigen Beispiel liegen Sie mit der Kennzahl 22,1 nach der BMI-Tabelle noch im Bereich des Normalgewichts – obwohl Sie damit sicher auch nicht mehr gertenschlank sind …

In der nachstehenden Tabelle sehen Sie die BMI-Werte für Männer und Frauen – und was man dabei als untergewichtig, als normal, als übergewichtig und als fettsüchtig bezeichnet.

	Männer	**Frauen**
Untergewicht	< 20	< 19
Normalgewicht	20 – 25	19 – 24
Übergewicht	25 – 30	24 – 30
Adipositas/Fettsucht	30 – 40	30 – 40
massive Adipositas	> 40	> 40

Wieviel Bauchumfang ist zuviel?

Sind Sie »rundum« zufrieden?

Nicht nur die Waage sagt Ihnen, ob Sie übergewichtig sind. Das Metermaß zeigt ebenso deutlich an, ob es an der Zeit ist, daß Sie besser ein paar Kilo abnehmen sollten. Aus der nebenstehenden Tabelle können Sie auf einen Blick ablesen, wie Bauchumfang und Übergewicht zusammenhängen. In der ganz linken Spalte finden Sie dabei den Bauchumfang in Zentimetern angegeben.

Größe in Metern

	1,56	1,60	1,64	1,68	1,72	1,76	1,80	1,84	1,88	1,92	1,96	2,00
110	45	43	41	39	37	36	34	33	31	30	29	28
109	45	43	41	39	37	35	34	32	31	30	28	27
108	44	42	40	38	37	35	33	32	31	29	28	27
107	44	42	40	38	36	35	33	32	30	29	28	27
106	43	41	39	38	36	34	33	31	30	29	28	27
105	43	41	39	37	35	34	32	31	30	28	27	26
104	43	41	39	37	35	34	32	31	29	28	27	26
103	42	40	38	36	35	33	32	30	29	28	27	26
102	42	40	38	36	34	33	31	30	29	28	27	26
101	42	39	38	36	34	33	31	30	29	27	26	25
100	41	39	37	35	34	32	31	30	28	27	26	25
99	41	39	37	35	33	32	31	29	28	27	26	25
98	40	38	36	35	33	32	30	29	28	27	26	25
97	40	38	36	34	33	31	30	29	27	26	25	24
96	39	37	36	34	32	31	30	28	27	26	25	24
95	39	37	35	34	32	31	29	28	27	26	25	24
94	39	37	35	33	32	30	29	28	27	25	24	24
93	38	36	35	33	31	30	29	27	26	25	24	23
92	38	36	34	33	31	30	28	27	26	25	24	23
91	37	36	34	32	31	29	28	27	26	25	24	23
90	37	35	33	32	30	29	28	27	25	24	23	23
89	37	35	33	32	30	29	27	26	25	24	23	22
88	36	34	33	31	30	28	27	26	25	24	23	22
87	36	34	32	31	30	28	27	26	25	24	23	22
86	35	34	32	30	29	28	27	25	24	23	22	22
85	35	33	32	30	29	27	26	25	24	23	22	21
84	35	33	31	30	28	27	26	25	24	23	22	21
83	34	32	31	29	28	27	26	25	24	23	22	21
82	34	32	30	29	28	26	25	24	23	22	21	21
81	33	32	30	29	27	26	25	24	23	22	21	20
80	33	31	30	28	27	26	25	24	23	22	21	20
79	32	31	29	28	27	26	24	23	22	21	21	20
78	32	30	29	28	26	25	24	23	22	21	20	20
77	32	30	29	27	26	25	24	23	22	21	20	19
76	31	30	28	27	26	25	23	22	22	21	20	19
75	31	29	28	27	25	24	23	22	21	20	20	19
74	30	29	28	27	25	24	23	22	21	20	20	19
73	30	29	27	26	25	24	23	22	21	20	19	18
72	30	28	27	26	24	23	22	21	20	20	19	18
71	29	28	26	25	24	23	22	21	20	19	18	18
70	29	27	26	25	24	23	22	21	20	19	18	18
69	28	27	26	24	23	22	21	20	20	19	18	17
68	28	27	25	24	23	22	21	20	19	18	18	17
67	28	26	25	24	23	22	21	20	19	18	17	17
66	27	26	25	23	22	21	20	19	19	18	17	17
65	27	25	24	23	22	21	20	19	18	18	17	16
64	26	25	24	23	22	21	20	19	18	17	17	16
63	26	25	23	22	21	20	19	19	18	17	16	16
62	25	24	23	22	21	20	19	18	18	17	16	16
61	25	24	23	22	21	20	19	18	17	17	16	16
60	25	23	22	21	20	19	19	18	17	16	16	15
59	24	23	22	21	20	19	18	17	17	16	15	15
58	24	23	22	21	20	19	18	17	16	16	15	15
57	23	22	21	20	19	18	18	17	16	15	15	14
56	23	22	21	20	19	18	17	17	16	15	15	14
55	23	21	20	19	19	18	17	16	16	15	14	14
54	22	21	20	19	18	17	17	16	15	15	14	14
53	22	21	20	19	18	17	16	16	15	14	14	13
52	21	20	19	18	18	17	16	15	15	14	14	13
51	21	20	19	18	17	16	16	15	14	14	13	13
50	21	20	19	18	17	16	15	15	14	14	13	13

Quelle: Fit for Fun, 4/95, S. 122

Übergewicht: Dringend abnehmen!

Starkes Übergewicht: Abnehmen wäre ratsam!

Leichtes Übergewicht: Aufgepaßt!

Normalgewicht: Freuen Sie sich! So soll es sein.

Untergewicht: Achtung! Bei weniger als 18 zunehmen!

Mehr als 30 BMI? Dann müssen Sie abspecken

In den westlichen Industrienationen hat man am meisten an Übergewicht zu leiden und vor allem unter den daraus resultierenden Zivilisationskrankheiten. Das bedeutet jedoch nicht, daß jeder Europäer unbedingt abnehmen müßte. Denn: Die Gesundheit ist erst dann wirklich bedroht, wenn der BMI größer als 30 ist. Dann sollte man allerdings unter ärztlicher Aufsicht abspecken (und dabei kann man durchaus auch mit Fastentagen oder -wochen beginnen). Man sollte aber immer darauf achten, die Eßgewohnheiten langfristig umzustellen und auch die körperliche Betätigung nicht zu kurz kommen zu lassen.

Eßgewohnheiten langfristig umstellen

Wer einen BMI zwischen 25 und 30 aufweist und zudem noch unter Risikofaktoren wie Diabetes mellitus, Hyperlipidämien (erhöhte Blutfettwerte), Hypertonie (Bluthochdruck) oder Erkrankungen des Bewegungsapparates leidet, sollte ebenfalls sein Gewicht unter Aufsicht eines Arztes reduzieren. Sind bei einem BMI zwischen 25 und 30 diese Risikofaktoren ausgeschlossen, kann man auch alleine abspecken: eine energiereduzierte, fettarme, ballaststoffreiche Kost ist dabei sehr hilfreich.

Dick durch Diät

In der Bundesrepublik sind Diäten und Abmagerungskuren geradezu ein Volkssport. Kaum einer, der nicht schon einmal irgendeine Wunderkur ausprobiert hat, der nicht durch »FdH« oder eine Monodiät ein paar Pfunde auf die Schnelle abspecken wollte. Junge Mädchen tauschen auf dem Schulhof Diätrezepte aus, ihre Mütter sind erfahren in allen möglichen Hunger- und Fastenkuren.

Die Zahlen der Statistiker sprechen für sich: Über 40 Prozent westdeutscher Frauen und mehr als 30 Prozent ostdeutscher Frauen haben bereits eine oder mehrere Diäten ausprobiert. 4,7 bzw. 4,2 Prozent der Frauen geben sogar an, »fast immer« irgendeine Diät zu machen.

Das verwundert kaum, denn das weibliche Schlankheitsideal liegt bei einem BMI von 19 (durchschnittlicher BMI bei Frauen: 23,4). Bei

Männern entspricht das durchschnittliche Wunschgewicht einem BMI von 24,0 (tatsächlicher BMI: 24,9). Man kann sich natürlich darüber streiten, ob die Schlankheitsideale richtig sind und man sich die Hungerfiguren extrem schlanker Models oder den sportlich gestählten Körper eines Dressmans zum Vorbild nehmen sollte. Sei es, wie es ist: Abnehmen und Diäten sind heute zu einer Selbstverständlichkeit geworden. Jeder redet mit, kaum einer weiß, was dabei wirklich im Körper vor sich geht.

Schlanksein ist »in«. Abnehmen und Kalorienzählen sind heute zu einer Selbstverständlichkeit geworden.

Wie Ab- und Zunehmen funktioniert

Der Stoffwechsel auf Sparflamme

Bei strengen und langen Hungerzeiten (etwa in Kriegsjahren) und natürlich auch bei Diäten schaltet der Stoffwechsel auf Sparflamme. Um diese sparsamen Zeiten überstehen zu können, baut der Körper Muskeleiweiß ab. Das muß er tun, um lebensnotwendige Energie zu gewinnen. Durch den Abbau verringert sich das stoffwechselaktive Körpergewebe.

Je weniger Muskeln man hat, desto langsamer arbeitet also der Stoffwechsel, und desto eher nimmt man an Gewicht zu. Weil Frauen übrigens prinzipiell weniger Muskelmasse haben als Männer, sind bei ihnen Gewichtsschwankungen eine ganz normale Angelegenheit. Beim Abnehmen stellt unser Körper sich um und kommt mit weniger Energiezufuhr aus. Das heißt aber auch: Unsere »normal großen« Portionen sind dem Organismus bereits zu viel – wir nehmen nach einer Diät schnell wieder zu.

Abgebaute Muskulatur ist nur schwer wieder aufzubauen, eigentlich nur durch körperliches Training. Leider ist also all das, was man sich nach einer längeren Diät wieder anißt, kein Muskel-, sondern Fettgewebe. Denn die Fettzellen sind mit einer großen Anzahl Speicherenzymen ausgestattet, um schnell genügend Fett einlagern zu können. Deshalb ist selbst nach einer erfolgreichen Diät Fetteinsparung angesagt. Der Körper neigt nämlich nach einer Diät eher zur Fetteinlagerung als zum Fettabbau.

Der »Jo-Jo-Effekt«

90 Prozent aller Menschen, die eine Diät machen, nehmen danach wieder an Gewicht zu. Die Ursache müßte Ihnen eigentlich schon klar sein: Man kehrt nach der Diät meist und gerne wieder zu den alten Eßgewohnheiten zurück – schließlich hat man lange genug »gedarbt«. Kaum jemand ist bereit, die Ernährungsregeln auf Dauer umzustellen (Ausnahmen sind hier natürlich alle Diäten, die wegen einer Krankheit wie z. B. Diabetes eingehalten werden müssen). Bei vielen »Wunderdiäten« ginge eine solche Umstellung auch gar nicht: Oft sind sie einseitig, führen dem Körper nur bestimmte Nährstoffe zu und verursachen einen Mangel an anderen (mehr darüber auf Seite 53ff). Nicht nur deshalb jedoch sind solche Monodiäten, bei denen man blitzschnell abnimmt, für den Organismus gefährlich und machen im Endeffekt sogar dick.

Diäten sind oft einseitig

Letzteres liegt am sogenannten »Jo-Jo-Effekt«. Unser Körper ist nämlich ganz und gar nicht einverstanden, daß er mit einer Diät plötzlich auf Notration gesetzt wird. Es bleibt ihm aber nichts anderes übrig, als sich auf die wenige Nahrung einzustellen. Er schraubt seinen Energieverbrauch zurück. Fängt man nun plötzlich wieder normal an zu essen, erreicht er sehr bald wieder sein altes Gewicht und in vielen Fällen sogar noch mehr! Denn der Organismus hat sich ja auf die Notzeit eingestellt und kommt mit weniger Energie aus.

Leider kann man den eigenen Körper nur sehr langsam »umerziehen« – seine »Erinnerung« an die »Notzeit-Diät« ist sehr lang. Essen Sie jedoch mehr, als der Körper verwerten kann, wandelt er das »Zuviel«

an Energie in Fett um und speichert es. Denn es könnten ja wieder mal Notzeiten kommen. Und die kommen bestimmt – mit der nächsten Diät. Wer dieses Spielchen öfter macht – und wie viele tun das! – bringt seinen Energiestoffwechsel gehörig in Unordnung. Das Gewicht geht wie ein Jo-Jo auf und ab. Wenn man also nicht schon beim Abnehmen seine Ernährungsgewohnheiten umzustellen lernt, kann man keinen dauerhaften Gewichtserfolg erwarten.

Eßstörungen führen zu Bulimie

Wenn man aussehen möchte wie die mageren Topmodels aus Werbung und Mode und dies über extreme Diäten versucht, sind meist erschreckende Begleiterscheinungen die Folge. Denn ständiges Diäthalten ist auch gesundheitsschädlich. Es kann zu gefährlichen Eßstörungen, z. B. Bulimie, kommen.

Teufelskreis Bulimie

Bei Bulimie kasteit man sich tagelang, ißt gar nichts oder sehr wenig. Dann treten plötzliche Heißhungeranfälle auf: Die betroffenen Frauen stopfen Unmengen an Lebensmitteln unkontrolliert in sich hinein, um sie Sekunden später wieder zu erbrechen. 30 Prozent der Bulimiekranken tun dies bis zu sechsmal täglich. Diese Patientinnen (es gibt nur sehr wenig Männer, die an Bulimie leiden) geraten in einen Teufelskreis, aus dem sie so schnell nicht wieder herausfinden. Essen, Erbrechen, Essen, Erbrechen – das kann schließlich zu einer Sucht werden, die den Körper schwer schädigt. Meist kann dann nur eine psychologische Behandlung helfen, diesem Teufelskreis zu entkommen.

Diäten – kritisch betrachtet

Die Anzahl der Diäten ist unüberschaubar. Zeitschriften werden nicht müde, immer wieder neue Schlankheitskuren anzupreisen. Unzählige Bücher behandeln die unterschiedlichsten Abnahmekuren. Eines haben jedoch alle kalorienreduzierten Abspeckkuren gemeinsam: Sie sind unlogisch, denn sie bauen gleichzeitig die Fettfreisetzung und den Fetteinbau auf. Somit neutralisieren sie sich und verfehlen ihren eigenen Zweck.

Eiweißreiche Diäten haben dagegen den Vorteil, daß weniger Muskelmasse abgebaut wird, dafür werden große Mengen Triglyzeride aus dem Fettgewebe freigesetzt. Kohlenhydratreiche Schlankheitskuren haben den Nachteil, daß sie Insulin ausstoßen und dadurch den Abbau von Depotfett im Bauch- und Hüftbereich hemmen.

Ob Atkins- oder Brigitte-Diät, ob Haysche Trennkost oder Hollywood-Diät, in der folgenden Übersicht finden Sie eine Beurteilung der populärsten Schlankheitsdiäten – und ihre Einschätzung nach medizinischen und ernährungswissenschaftlichen Gesichtspunkten.

Abnehmen – aber mit Vernunft

So nennt sich eine Diät, die von der Bundeszentrale für gesundheitliche Aufklärung entwickelt wurde und die von Krankenkassen und Volkshochschulen angeboten wird. 1500 Kalorien nimmt man täglich zu sich, und die Kost ist ausgewogen, energiereduziert und fettarm. Beim »Abnehmen – aber mit Vernunft« lernt man in der Gruppe: Zunächst findet man heraus, welche Eßgewohnheiten man hat, wie man sich besser und ausgewogen ernährt und wie man das dann im Alltag umsetzt. Die Diät ist für die Dauer von 20 Wochen angelegt – danach sollte man verstanden haben, worum es geht, und man sollte die ausgewogene Ernährung vor allem auch ohne Gruppe daheim fortführen können.

Training des richtigen Eßverhaltens

Bewertung: gut, denn das richtige Eßverhalten wird ausreichend trainiert.

Anti-Cholesterin-Diät

Dabei senkt man die gefährlichen Blutfettwerte und somit das Risiko der Arterienverkalkung. Sie schränken sich bei dieser Diät nicht allzusehr ein: etwa 500 Kalorien weniger am Tag als bei Normalkost nehmen Sie zu sich. Wer die Grundregeln dieser Diät kennt – nämlich jene Nahrungsmittel zu meiden, die einen sehr hohen Cholesteringehalt haben oder viel gesättigte Fettsäuren enthalten – kann damit gut klarkommen. Man nimmt allmählich, aber auch stetig ab. Man kann viele verschiedene Rezepte ausprobieren bzw. leicht variiert beibehalten.

Bewertung: gut, denn die Kost ist ausgewogen.

Atkins-Diät

Diese Diät war schon immer etwas »Besonderes« – leider nichts Gutes. Sie dürfen dabei Fett und Eiweiß in unbegrenzter Menge zu sich nehmen, aber kaum Kohlenhydrate. Selbst ein fetter Schweinebraten oder Krabben mit Mayonnaise sind erlaubt – allerdings ohne Beilagen. Vorteil dieser Diät: Man muß sich nicht einschränken, man kann ohne langes Kalorienzählen schnell abnehmen. Dies garantiert Dr. Atkins – und er hat recht. Nachteil: Auch diese Diät wird schnell eintönig, weil Gemüse und Getreideprodukte fehlen. Die Atkins-Diät kann man nicht über einen längeren Zeitraum durchführen; und sie ist gesundheitlich gefährlich.

Paradox und gefährlich: Abnehmen mit Mayonnaise

Bewertung: schlecht, denn diese Diät ist einseitig und führt nicht zu ausgewogener Ernährung. Im Gegenteil: alle, die zu Herz-Kreislauf-Beschwerden neigen, sind höchst gefährdet!

Brigitte-Diät

Diese Diät wurde von der Frauenzeitschrift »Brigitte« entwickelt und gilt als ausgewogene Mischkost-Diät. Jeden Tag nehmen Sie dabei viele Vitamine, Mineralien und Ballaststoffe zu sich – auf gesunde Weise. Die Ernährung besteht zu 50 Prozent aus Kohlenhydraten, zu 20 Prozent aus Eiweiß und zu 30 Prozent aus Fett. Man nimmt mit der Brigitte-Diät langsam, aber sicher ab; man kann das Gewicht halten, wenn man sich auch nach der Diät an die ausgewogene Kost hält. Nachteilig ist die Kalorienzählerei. Ohne Kalorienkompaß in der Tasche kann man kaum auskommen.

Bewertung: Sie essen dabei gesund und vernünftig, können sogar Ihr ganzes Leben an dieser Ernährung ausrichten, ohne sich zu quälen.

FdH-Diät

Das hat wahrscheinlich jeder schon mal ausprobiert – sich allgemein beim Essen um die Hälfte einzuschränken. Doch Vorsicht: Sie haben dann keine Kontrolle mehr darüber, was Sie sich auch an »guten« Inhaltsstoffen entgehen lassen. Zwar nehmen Sie in der ersten Woche bis zu drei, in der zweiten Woche etwa ein Kilo ab. Dann geht's sehr viel langsamer. Nachteil: Sie müssen peinlich genau darauf achten, genügend Vitamine, Mineralien und Kohlenhydrate zu sich zu nehmen. Sonst kommt es zu Mangelerscheinungen.

Bewertung: Die FdH-Diät ist keine ausgewogene Ernährungsweise, es kann zu Mangelerscheinungen kommen. Wer Herz-Kreislauf-Probleme hat, unter nervösen Störungen leidet und sehr gestreßt ist, sollte auf keinen Fall FdH machen.

Fit-for-Life-Diät

Dabei essen Sie vor allem Obst (alle Sorten!) – möglichst frisch. Außerdem gibt es frisches Gemüse, Salat, Hülsenfrüchte und Milchprodukte, auch Butter, Joghurt und Käse; Brot ist erlaubt, sollte aber stets ein Vollkornprodukt sein. Diese Kost läßt Sie langsam, aber stetig abnehmen. Nachteil: Viel Obst und Gemüse kann anfangs zu Blähungen, Darmkoliken und Durchfall führen.
Bewertung: Die Lebensmittel werden etwas einseitig ausgewählt. Es gibt kaum Fett und ist deshalb nichts für Menschen, die viel Streß haben.

Formula-Diät

Dabei rührt man Instantpulver zu einer trinkfertigen Mahlzeit an – meist mit Milch, in manchen Fällen mit Wasser. So kommen Sie – wenn Sie sich strikt nur mit den Drinks ernähren – auf etwa 1200 Kalorien am Tag. Formula-Diäten bekommt man in Drogerien und Apotheken, und alle Nährstoffe sind darin enthalten. Man muß nicht kochen können – allerdings wird die Diät schnell eintönig.

Drinks als Starthilfe – aber nicht mehr

Bewertung: Klar, daß man bei dieser Diät nicht lernt, wie man seine Ernährung langfristig um- und ausgewogen zusammenstellt. Als Startsignal für eine langfristige Abnahme bei starkem Übergewicht kann man diese Diät aber durchaus einsetzen.

Gayelord-Hauser-Diät

Etwa die Hälfte Ihrer Nahrung besteht dabei aus Eiweißanteilen. Zehn Tage dauert diese Kur, Sie nehmen täglich etwa 800 Kalorien zu sich. Da sind bis zu fünf Kilo Gewichtsverlust möglich. Allerdings: Wer so schnell abnimmt, hat die Pfunde meist auch schnell wieder drauf.
Bewertung: Diese Diät ist für eine langfristige Ernährungsumstellung nicht geeignet. Und weil Fett völlig verboten ist, fehlt's den Speisen an Geschmack. Wessen Nieren anfällig sind, sollte diese Diät meiden.

Gemüsediät

Es geht auch vegetarisch

Gut essen – das heißt nicht: Fleisch essen. Wer Gemüse mag, wird sich mit dieser Diät wohl fühlen. Sie dürfen soviel davon essen, wie Sie wollen. Allerdings stets einen Teil roh, damit Sie alle Vitamine bekommen. Das Kochwasser des Gemüses sollte man als Brühe trinken (es enthält ebenfalls Vitamine, außerdem Mineralien und Spurenelemente). In zwei Wochen kann man bei 1000 Kalorien täglich bis zu sechs Kilo verlieren.

Bewertung: Wer nur Gemüse ißt, bekommt logischerweise kein tierisches Eiweiß und zu wenig Fett. Weiterer Nachteil: Bei der Gemüsediät gibt's viele Ballaststoffe – das kann zu Blähungen führen. Dennoch: Wer auf vegetarische Ernährung umstellt, fährt nicht schlecht dabei.

Gemüse dürfen Sie essen, soviel Sie wollen. In zwei Wochen können Sie bei einer Gemüsediät bis zu sechs Kilo verlieren.

Haysche Trennkost

Nacheinander darf man fast alles essen. Kohlenhydrate und Eiweiß müssen sich stets bei den Mahlzeiten abwechseln. Zwischen 600 und 1200 Kalorien nimmt man täglich zu sich – dabei nimmt man langsam, aber stetig ab. Sie ernähren sich bei der Hayschen Trennkost zu 80 Prozent aus »basenüberschüssigen« Lebensmitteln wie Obst, Gemüse, Hülsenfrüchte und zu 20 Prozent aus »säurenüberschüssigen« Nahrungsmitteln wie Fleisch, Fisch, Geflügel, Eier, Käse, Brot, Kartoffeln, Reis, Nudeln. Proteine und Kohlenhydrate sind getrennt zu verzehren.

Bewertung: Sie erhalten bei der Trennkost nicht alle Nährstoffe in ausreichendem Maße: Calcium, Eisen und Jod fehlen. Außerdem ist die Ballaststoffzufuhr aus Getreide zu gering. Deshalb ist sie nach Ansicht der DGE nicht anzuraten.

Hollywood-Star-Diät

Diese Diät zeigt schnelle Wirkung – in der ersten Woche bis zu fünf Kilo, in der zweiten nochmals drei. Länger sollte man diese extreme Diät keinesfalls machen! Denn sie belastet den Körper enorm. Sie dürfen bei der Hollywood-Star-Diät keine stärkehaltigen Kohlenhydrate (Kartoffeln, Vollkornprodukte, Nudeln, Zucker) zu sich nehmen; Fett ist ebenfalls verboten. Erlaubt sind mageres Fleisch, Fisch, Geflügel, Milch und Milchprodukte, auch Obst und Gemüse, aber nur in Maßen. Zusätzlich muß man »künstliche« Vitamine und Mineralien einnehmen.

Bewertung: Die Hollywood-Star-Diät entspricht in keiner Weise einer ausgewogenen, gesunden Mischkost. Sie ist sehr einseitig und belastet vor allem Menschen mit Nierenschwäche.

»Ich nehme ab«-Programm

Richtig kombiniert ist alles erlaubt

Diese Diät kommt von der Deutschen Gesellschaft für Ernährung. Man ißt dabei sehr ausgewogen, vor allem energiereduzierte und fettarme Kost. Nichts ist strikt verboten, alle Rezepte sind miteinander kombinierbar. Das Programm ist für Gruppen gedacht, kann aber auch alleine durchgezogen werden. Statt der Nährwerttabelle empfiehlt die DGE beim »Ich nehme ab«-Programm eine »Bausteintabelle«, welche die Zusammenstellung der Lebensmittel erleichtern soll.

Bewertung: Alle Nährstoffe sind hier enthalten, und wer mit Gruppenarbeit klarkommt, kann hier auf Dauer lernen, seine Ernährung vernünftig umzustellen.

Kartoffeldiät

Soviel Kartoffeln wie nur möglich dürfen Sie essen. Wem das zu langweilig wird, darf jeden zweiten oder dritten Tag auch mal fettlos zubereitetes Fleisch, Fisch oder Geflügel dazutun. Aber: kein Fett (also keine Pommes und keine Chips), kein Zucker – und Salate nur mit Diätspeiseöl. Trotzdem kann man die Kartoffeldiät sowohl kurz- wie auch langfristig machen. In einem Vierteljahr nimmt man nach und nach (und auf gesunde Weise!) etwa vier Kilo ab.

Bewertung: Nachteile entstehen nur, wenn Sie weniger als 800 Kalorien täglich zu sich nehmen. Sie sollten auch darauf achten, wenigstens etwas Fett zu sich zu nehmen (Nervenkraft!). Für eine langfristige Ernährungsumstellung ist eine reine Kartoffeldiät kaum geeignet – besser mal als »Schalttage« oder in der oben angesprochenen Version, wenn Sie ab dem dritten Tag die Rezepte mit Fleisch, Fisch und Geflügel variieren.

Mit der Kartoffeldiät nimmt man in einem Vierteljahr nach und nach etwa vier Kilo ab.

Kohlenhydrat-Diät

Bei der reinen Kohlenhydrat-Diät nehmen Sie täglich 85 bis 90 Prozent Kohlenhydrate zu sich. Die restlichen zehn bis 15 Prozent bestehen aus Fett und Eiweiß. Vollkornprodukte und Müsli sind bei dieser Diät ein Muß, ebenso Hülsenfrüchte (Erbsen, Bohnen, Linsen), denn sie sind besonders reich an Ballaststoffen – geben also »Fülle« im Magen.

Bewertung: Diese Diät ist kurz- und langfristig möglich. Über einen längeren Zeitraum hinweg sollten Sie allerdings etwa zweimal wöchentlich Fleisch, Fisch oder Geflügel essen. Im Prinzip ist diese Diät sehr gesund und ausgewogen.

Mayo-Diät

Diese Eiweißdiät erlaubt Ihnen täglich 1000 bis 1500 Kalorien, dabei sollte mindestens die Hälfte aus Eiweiß bestehen. Fett ist nicht erlaubt, Kartoffeln, Obst, Gemüse und Vollkornprodukte runden die Eiweißkost ab. Eier gibt es schon zum Frühstück – nämlich drei Stück. In der ersten Woche nimmt man bei der Mayo-Diät gut ab, danach verlangsamt sich der Prozeß. Der Nachteil dieser Diät: Ohne Fett schmeckt nichts so recht.

Eier schon zum Frühstück

Bewertung: Wer hohes Übergewicht hat und einen erhöhten Cholesterinspiegel, sollte von dieser Diät die Finger lassen. Diese Diät ist auch gewiß keine langfristige Ernährungsumstellung!

Milchtage

Kurzfristiges »Flüssigfasten«

Täglich drei Liter Vollmilch – das ist die Grundlage dieser Kurzdiät. Damit nimmt man etwa 2000 Kalorien auf, trotzdem fehlen einem wegen der nicht vorhandenen festen Nahrungsmittel Nährstoffe: Bis zu einem Kilo pro Tag nehmen Sie mit Milchtagen ab.
Bewertung: Wer auf Milch allergisch reagiert, kann auf Buttermilch ausweichen. Der Nachteil dieses »Flüssigfastens«: Manche Menschen können die in der Milch enthaltenen Substanzen nicht komplett verdauen; das kann zu Durchfall führen. Lediglich als »Schalttage« geeignet, gewiß nicht als Dauerernährung!

Mono-Diäten

So nennt man alle Diäten, bei denen Sie nur ein bestimmtes Nahrungsmittel zu sich nehmen dürfen – etwa Obst, Gemüse, Kartoffeln, Quark, Reis oder Eier. Man nimmt meist nicht mehr als 1000 Kalorien zu sich, oft sogar weniger.
Bewertung: Klar, daß solche Mono-Diäten sehr eintönig sind, Vitamine und Mineralstoffe werden in viel zu geringem Maße zugeführt. Außerdem kann es zu erheblichen Störungen des Stoffwechsels kommen: bei einer reinen Eierdiät etwa zu Störungen des Fettstoffwechsels. Wer will, kann jedoch hin und wieder einmal einen »Schalttag« einlegen – und dann 24 Stunden lang ausschließlich Obst, Gemüse, Reis, Kartoffeln oder ähnliches zu sich nehmen.

Nulldiät

Totales Fasten ist dabei angesagt. Sie werden staunen: nach etwa drei Tagen verspüren Sie keinen Hunger mehr. Die Nulldiät erfordert allerdings, daß Sie täglich mindestens drei Liter Flüssigkeit zu sich nehmen: Mineralwasser, Kräuter- und Früchtetees.
Bewertung: Fasten hat eine uralte Tradition in allen Religionen der Welt. Sie sollten allerdings vorher ärztlichen Rat einholen. Fasten ist eine Zeit innerer Ruhe und Besinnung: Deshalb müssen auch die äußeren Umstände stimmen!

Pritikin-Diät

Hier nimmt man vor allem viele Kohlenhydrate zu sich – bis zu 80% der Tageskost. Fett ist verboten und natürlich auch Zucker und Salz.

Fettarme tierische Produkte dürfen Sie in Maßen essen. Erlaubt sind 650 bis 1000 Kalorien täglich.
Bewertung: Bei dieser Diät erhalten Sie kaum genügend fettlösliche Vitamine, zu wenig essentielle Fettsäuren und auch wenig Calcium und Jod, vor allem dann nicht, wenn Sie länger nach ihr leben.

Psycho-Diät

Lebensmittelauswahl nach der inneren Stimme

Dabei wird keine Empfehlung zu bestimmten Lebensmitteln ausgesprochen, sondern Sie sollen allein dadurch abnehmen, daß Sie Ihre Einstellung zum Essen ändern. Man unterteilt die Lebensmittel in »winkende« und »summende«. Letztere sind erlaubt, denn sie lassen auf ein echtes Bedürfnis schließen. Die »winkenden« dagegen rufen nur unseren Appetit wach, nicht echten Hunger.
Bewertung: Ein Lerneffekt und eine Langzeitwirkung kann man von dieser Diät nicht erwarten. Auch eine ausgewogene Kost ist nicht unbedingt gegeben, denn jeder hat seine eigenen »winkenden« oder »summenden« Nahrungsmittel.

Scarsdale-Diät

Viel Eiweiß, kaum Fett – bei etwa 1000 Kalorien sind Sie damit trotzdem satt. Sie dürfen Fleisch, Fisch, Geflügel, Shrimps, Käse, Sojaprodukte, Hefe, Milch, sogar Nüsse essen. Kohlenhydrate bekommen Sie mit Obst und Gemüse sowie Vollkornprodukten. Man nimmt mit der Scarsdale-Diät schnell ab – und weil sie alles Lebensnotwendige enthält, darf man diese Diät bis zu vier Wochen machen.
Bewertung: Wie jede Eiweißdiat ist die Scarsdale-Diät nicht optimal für all jene, die körperlich tätig sind oder viel Sport treiben. Sie enthält zu wenig Obst und Gemüse und ist einseitig auf Eiweiß ausgerichtet.

Schnitzer-Kost

Diese rein vegetarische Diät erlaubt gerade noch Milch und Eier. Man nimmt etwa 1500 Kalorien zu sich – das führt zu einem Gewichtsverlust von etwa vier Kilo in zwei Wochen. Bei der Schnitzer-Kost wird man rasch satt, denn man ißt fast nur Kohlenhydrate und Ballaststoffe.
Bewertung: Es kommt auf die Dauer zu Eiweiß- und Vitamin-B_{12}-Mangel. Das führt zu nervlichen Störungen. Schnitzer-Kost ist als langfristige Ernährungsumstellung abzulehnen.

Schroth-Kur

Seit 150 Jahren gibt es die Schroth-Kur, und viele Menschen schwören auf zwei bis vier Wochen im Jahr, an denen sie »schrotheln«. Sie nehmen bei dieser Diät nur trockenen Weißwein, alte trockene Brötchen, Backpflaumen, Haferflocken-, Schrot- und Grießbrei, Graupen, Reis, Hirse, Buchweizen und Nudeln zu sich.

Das alte Gewicht kehrt schnell zurück

Bewertung: Man nimmt sehr schnell ab: bis zu fünf Kilo in der ersten Woche, in den anderen drei Wochen bis zu zehn Kilo. Aber: Das Gewicht ist schnell wieder drauf, wenn man »normal« weiter ißt. Diese Kur führt man zwar unter ärztlicher Aufsicht durch, sie ist jedoch keine langfristige Ernährungsumstellung.

Traubenkur

Sie zählt zu den ältesten Kuren überhaupt – schon Hippokrates hat sie seinen Patienten empfohlen. Man ißt dabei täglich bis zu vier Kilo Trauben, trinkt auch nur Traubensaft. Bis zu zwei Wochen dauert eine Traubenkur, man kann dabei bis zu sechs Kilo abspecken. Die Kur wirkt auch abführend und fördert die Tätigkeit der Nieren.

Die Traubenkur ist sehr alt. Sie können mit ihr binnen zweier Wochen bis zu sechs Kilo abnehmen.

Bewertung: Der Nachteil der Traubenkur: Sie wird schnell langweilig, nach ein paar Tagen kann man keine Trauben mehr sehen. Da es zu Durchfall kommen kann, sollte man die Kur vorher mit einem Arzt absprechen.

Wer eine Traubenkur im Sinne von Obstfastentagen sieht, sollte sie für längstens eine Woche durchführen.

Weight-Watchers-Diät

Dieses Programm zielt auf eine langfristige Nahrungsumstellung im Sinne einer ausgewogenen Mischkost. Man achtet auf fettarme Zubereitung, sollte auch nur mageres Fleisch und mageren Fisch essen. Die

Weight Watchers nehmen in der Gruppe ab – das mag manchem helfen, Disziplin zu halten.
Bewertung: Der geringe Fettanteil (nur zehn Prozent) im Ernährungsplan kann zu Hautproblemen führen.

Abnehmen in der Gruppe

Warum die meisten Diäten ihren Zweck verfehlen

1. Niedriger Stoffwechsel: Der Körper schaltet auf Sparflamme und mit ihm der Stoffwechsel, der die Energieverbrennung steuert.
2. Niedriger Blutzuckerspiegel: Sinkt der Blutzuckerspiegel, geht der Stoffwechsel ebenfalls in die Knie. Man wird müde und schlapp.
3. Niedriger Energiebedarf: Der Körper braucht weniger Energie und lagert deshalb die Nahrungskalorien in Form von Fett in den Bauchspeck ein – falls er bei fortlaufender Diät darauf zurückgreifen muß.
4. Zu wenig Schilddrüsenhormone: Sie regulieren den Fettabbau im Körper.
5. Zu wenig Streßhormone: Durch Müdigkeit und Unlust sieht sich der Körper keinem Streß mehr ausgesetzt.
6. Erhöhter Insulinspiegel: Die Ausschüttung fetteinbauender Enzyme wird erhöht.
7. Zu wenig Vitamine: Die Energieverbrennung findet nur noch auf Sparflamme statt. Die fettfreisetzenden Vitamine können nicht mehr wirksam werden.
8. Heißhunger: Je mehr man den Nahrungsmitteln entsagen muß, desto größer ist die Versuchung. Und desto gieriger greift man danach, wenn die Diät vorbei ist!

Diäten sind sinnlos

- Sagen Sie sich von allen einseitigen und allen Crash-Diäten los!
- Versuchen Sie lieber langsam und kontinuierlich abzunehmen.
- Stellen Sie Ihre Ernährungs- und Kochgewohnheiten um.
- Ernähren Sie sich ausgewogen. Dann hat der Stoffwechsel auch Zeit, sich mit der neuen Situation abzufinden.

9. Geschlossene Fettzellen: Das in ihnen enthaltene Fett kann nicht mehr ausreichend freigesetzt werden. Das wenige Fett, das abgebaut wird, hinterläßt aber Spuren in Form von freien Fettsäuren.
10. Zu niedriger Kohlenhydratanteil: Je weniger Kalorien man bei einer Diät zu sich nimmt, desto weniger Eiweiß wird in den Muskeln aufgebaut. Deshalb sollte man sich bei einer Diät möglichst kohlenhydratreich ernähren.

Von der Natur lernen

Unser Eßverhalten im Test

In einem Eßlabor der Universität Göttingen wurde das Eßverhalten verschiedener Probanden getestet. Hierzu wurde den Personen Suppe in einem tiefen Teller serviert, die durch eine Schlauchöffnung im Boden des Tellers nie zu Ende ging. Die übergewichtigen Probanden aßen lange Zeit, ohne zu merken, daß der Teller präpariert war. Sie löffelten ihre Suppe, ohne ein Sättigungsgefühl zu verspüren. Sie hatten sich offensichtlich angewöhnt, ihren Teller leer zu essen und erst dann satt zu sein.

Das Sättigungsgefühl wird vom Gehirn aus gesteuert. Je nach Energie- bzw. Nährstoffzufuhr verspüren wir Hunger oder Sättigung. Essen wir leicht verdauliche Speisen, haben wir schnell wieder Hunger. Ballaststoffreiche Nahrung dagegen verweilt länger im Magen und führt daher erst viel später zu einem Hungergefühl.

Auch ein niedriger Blutzuckerspiegel signalisiert Hunger. Wenn wir lange Zeit nichts gegessen haben oder eine zuckerreiche Mahlzeit zu uns genommen haben, sinkt der Blutzuckerspiegel. Dann wird Energie aus den Fettsäuren für die Zellen freigesetzt. Nur noch das Gehirn wird mit Traubenzucker versorgt.

Wenn man sich auf sein eigenes Hunger- bzw. Sättigungsgefühl verlassen könnte, wären wahrscheinlich die meisten Menschen schlank. Doch leider spielen uns da äußere Umständen ebenso einen Streich wie unsere Erziehung. Wir haben als Kinder gelernt, den »Teller artig leer zu essen«. Als Erwachsene behalten wir das bei – das zeigt auch die eingangs erwähnte Studie der Universität Göttingen.

Auch viele Umweltfaktoren beeinflussen das körpereigene Hunger- und Sättigungsgefühl. Wenn wir beispielsweise in gemütlicher Runde mit Freunden zusammensitzen, schmeckt es uns nochmal so gut, als wenn wir unser Steak alleine zu uns nehmen würden. Oft setzt man sich auch aus Gewohnheit an den Tisch. Nach dem Motto: Jetzt ist's zwölf, jetzt ist Mittagspause. Wir wissen ja aus Erfahrung: Der Appetit kommt schon beim Essen! Und tatsächlich: Dafür, daß wir gar keinen Hunger hatten, essen wir erstaunlich viel. Wir essen einfach aus Gewohnheit. Und das führt bei vielen Menschen zu Übergewicht.

Essen aus Gewohnheit

Die Eskimo-Diät

Wissenschaftler haben Erstaunliches herausgefunden: Die Eskimos, die sich fast ausschließlich von Fisch ernähren, sind nicht nur kaum übergewichtig, sondern auch ausgesprochen gesund. Nun können wir ja nicht alle nach Grönland pilgern, um dort im nordischen Packeis den Eskimos nachzueifern. Aber die Ergebnisse der Forscher können wir natürlich auch bei uns anwenden. Fisch ist gesund – das ist nicht nur ein Slogan der Fischwirtschaft, sondern eine wissenschaftlich erhärtete Tatsache!

Was sollte man bei der Eskimo-Diät essen?

Grundlage dieser Diät sind die Kaltwasserfische, also sehr fettreiche Fische wie Hering, Heilbutt, Makrele, Kabeljau, Lachs, Forelle, Thunfisch, Rotbarsch, Steinbutt, Seezunge, Schellfisch, Scholle.

- Essen Sie aber täglich höchstens eine Fischmahlzeit. Zuviel Fischsäuren mindern die Gerinnungsfähigkeit des Blutes.
- Dazwischen ernähren Sie sich mit Gemüse, Obst, Salat, Naturreis und Kartoffeln.
- Fleisch und Geflügel sollten Sie meiden.

Um im eiskalten Wasser überleben zu können, haben die Kaltwasserfische wie Kabeljau, Hering, Dorsch, Makrelen etc. eine optimale Zellverbrennung entwickelt. Ihre Zellen enthalten reichlich mehrfach ungesättigte

Fettsäuren und regen so die Fettverbrennung ständig an. Deshalb verklumpt ihr Fett im eiskalten Wasser nicht, und ihr Stoffwechsel funktioniert reibungslos.

Da unser Körper auch viel ungesättigte Fettsäuren enthält, wird Fisch als Nahrung – und hier vor allem Kaltwasserfische – von unserem Stoffwechsel dankbar aufgenommen. Die Fischöle (siehe auch Seite 42f, Omega-3-Fettsäuren) senken Blutfett- und Cholesterinwerte. Sie helfen, überschüssiges Fett im Blut abzubauen.

Schlank mit Fisch

Eskimos, die sich vornehmlich von Fisch ernähren, nehmen deshalb kaum an Gewicht zu. Die Fettsäuren im Fisch halten den Cholesterinspiegel niedrig. Fettmoleküle werden nach und nach ins Blut abgegeben. So hat der Stoffwechsel ausreichend Fettmoleküle zur Verfügung und wird über viele Stunden hinweg gleichmäßig mit diesem wichtigen Nährstoff versorgt. Man bleibt schlank.

Die mediterrane Diät

Die Menschen in den Mittelmeerländern leben gesünder als in den übrigen europäischen Ländern. Untersuchungen zeigen: Herzinfarkt kommt beispielsweise in Italien, Frankreich oder Spanien weniger häufig vor. Man führt die gute Gesundheit der Mittelmeerbevölkerung in erster Linie auf ihre Ernährung zurück.

Diese Ernährung ist

- arm an gesättigten Fettsäuren – üblicherweise wird wenig Butter, fetter Käse, fettes Fleisch oder fette Wurst gegessen;
- reich an frischem Obst und Gemüse – diese Lebensmittel sind kalium- und ballaststoffreich;
- reich an Fisch – Fische sind eiweißreich und enthalten essentielle Fettsäuren (Omega-3-Fettsäuren).

Hinzu kommt der große Verzehr von Olivenöl in den Mittelmeerländern. Dieses Öl enthält ungesättigte Fettsäuren (zu 70 % ungesättigte Ölsäure) und kann zur Vorbeugung von Herzinfarkt empfohlen werden. Vorausgesetzt, man erhöht die tägliche Kalorienzufuhr nicht,

Was sollte man bei der mediterranen Diät essen?

Die mediterrane Diät ist recht einfach. Sie besteht hauptsächlich aus viel Salat, Rohkost und Gemüse.

- Man ißt weit mehr Fisch als Fleisch.
- Wenn Fleisch auf dem Speiseplan steht, dann nur kleine Portionen (80 g).
- Üppiger hingegen ist die Palette der Kohlenhydrate: Naturreis, Folienkartoffeln, Polenta und kleine Portionen Nudeln.
- Zu den Mahlzeiten darf man reichlich Brot essen.
- Zubereitet werden die Speisen mit kaltgepreßtem Pflanzenöl.
- Als Salz verwendet man jodiertes Salz.
- Zwischendurch ist frisches Obst erlaubt.
- Verboten sind Kuchen und Süßigkeiten zwischendurch.
- An Getränken stehen frisch gepreßte Fruchtsäfte und reichlich Mineralwasser auf dem Speiseplan. Alkohol ist in Maßen erlaubt.
- Erlaubte Kalorienzufuhr: 1400 – 1600 kcal pro Tag.

kann man mit Olivenöl gleichzeitig die gesättigten Fettsäuren einschränken. Um nämlich die Fettzufuhr in der gleichen Größenordnung beizubehalten, muß man fette Nahrungsmittel reduzieren.

Fazit:

✔ Übergewicht entwickelt sich meist langsam – durch fehlerhafte Ernährungs- und Lebensgewohnheiten.

✔ Männer nehmen leichter ab als Frauen.

✔ Ist Ihr BMI größer als 30 – abnehmen!

✔ Diäten machen eher dicker als schlank – wegen des »Jo-Jo«-Effekts.

✔ Je mehr Muskeln, desto eher nimmt man ab.

✔ Ideal beim Abnehmen sind Kaltwasserfische, frisches Obst und Gemüse, Olivenöl und wenig Fleisch.

Schlankheitspillen & Co.

Eine perfekte Figur haben und fit sein – diesen Idealen streben in Deutschland sehr viele Menschen nach. Wer ein paar Pfunde zuviel auf die Waage bringt, fühlt sich schnell ausgegrenzt. Viele Dicke kennen das Gefühl: Sie gelten als willensschwach, man traut ihnen nicht so viel zu wie schlanken Menschen. Daß ihnen bezüglich ihrer Kleidung kaum Auswahl geboten wird, damit haben sich die meisten abgefunden. Nicht damit aber, daß sie selbst im Job und auf Stellensuche als unqualifiziert abgeschrieben sind.

Personalchefs geben unter der Hand zu, daß sie lieber einen Dünnen als einen Übergewichtigen beschäftigen. Und selbst der Staat spielt bei diesem Unsinn mit: Ämter und Behörden stellen Bewerber über einem bestimmten »Gewichtslevel« nicht ein. Kein Wunder, daß das Ideal eines schlanken Körpers in den meisten Köpfen herumspukt und zu negativen Auswüchsen führt. Auch aus diesem Grund sind Krankheiten keine Seltenheit mehr, die mit Ernährung bzw. dem ständigen Abnehmen und Zunehmen zu tun haben. Junge Mädchen wollen um jeden Preis schlank bleiben (oder wieder werden) und hungern sich durch Magersucht (Anorexie) zu Tode. Erwachsene Frauen geraten in den Teufelskreis der Freß-Brech-Sucht (Bulimie) und scheuen weder Kosten noch Mühen, um um jeden Preis schlank zu bleiben. Selbst wenn die Gesundheit und die Psyche dabei auf der Strecke bleiben.

Was von Schlankheitspillen zu halten ist

Diätwahn mit fatalen Folgen

Der Diätwahn in Deutschland ist so groß, daß viele Verbraucher vor nichts zurückschrecken, nicht einmal vor solchen Mitteln, die die Gesundheit gefährden, ja sogar das Leben bedrohen. Appetitzügler und Schlankheitspräparate werden zuhauf in Apotheken und Drogerien angeboten. Studiert man die Beipackzettel, entdeckt man eine Fülle von Nebenwirkungen – viele davon sind ganz gewiß nicht harmlos (was der Verbraucher sowieso kaum beurteilen kann), sondern gravierend: Da ist von Eßstörungen und Herzrhythmusstörungen, von Schweißausbrüchen oder Herzrasen die Rede. Schnell müßte einem klarwerden, daß solche Mittel nicht unbedingt gesund für den Körper sind. Selbst wenn sie Gewichtsreduktion versprechen.

Einem vernünftigen Verbraucher sollte klar sein: Wird einem ein Gewichtsverlust von 5,5 Kilo in zwei Wochen, also circa 400 Gramm pro Tag versprochen, ist das für den Organismus belastender als selbst etliche Kilo Übergewicht. Rekordhalter unter diesen »Wundermitteln« sind Präparate, die sogar eine Gewichtsreduktion von eineinhalb Kilo pro Tag versprechen.

Sie sollten wissen – vor allem nach der Lektüre dieses Buches, vielleicht aber auch aus eigener Erfahrung: Solche Versprechungen sind irreführend, denn Gewichtsverluste in einem solchen Ausmaß beruhen schlicht und einfach auf – Wasserverlust. Alle Präparate, die solch wunderbare Abnahme des Übergewichts versprechen, enthalten Stoffe mit abführender oder entwässernder Wirkung. Fett geht dabei ganz gewiß nicht verloren.

Schlankheitspillen haben meist nur abführende oder entwässernde Wirkung

Nur wer den Weg des geringsten Widerstands gehen will und der, dem seine Gesundheit wenig bedeutet, wird zu diesen Wunderpillen greifen. Vielleicht haben Sie ja auch Glück und erreichen Ihr Idealgewicht. Doch eines können wir Ihnen auf jeden Fall vorhersagen: Sie werden Ihr neues Traumgewicht ganz bestimmt nicht halten. Denn Sie können (und dürfen!) die Schlankheitspillen ohne Gefahr für Ihre Gesundheit nicht auf Dauer einnehmen. Die Traumfigur halten können Sie langfristig jedoch nur, wenn Sie Ihre gesamte Einstellung zur Ernährung ändern. Nur wer beim Abnehmen auch lernt, seine falschen Eßgewohnheiten abzulegen und die Ernährungsgewohnheiten umzustellen, wird Erfolg haben.

> Während des Abnehmens ist es am sinnvollsten, viel Mineralwasser und ungesüßten Früchte- bzw. Kräutertee zu trinken. Spezielle Entwässerungs- und Abführtees gehen nicht ans Fettdepot!

Die wichtigsten Vertreter

Es gibt zahlreiche Schlankheitsmittel – verschreibungspflichtige und rezeptfreie. Eine Übersicht über alle Mittel zu geben, ist hier an dieser Stelle nicht möglich. Im folgenden nehmen wir deshalb nur die wichtigsten Vertreter der Schlankheitspülverchen und -pillen genauer unter die Lupe.

Welches Mittel?	Was ist drin?	Wie zu bewerten?
Diätpulver	Ausgewogene Nährstoffe, wenig Kalorien	Mangelhafter Geschmack, meist langfristige Anwendung.
Entwässerungstees	Unterschiedlich	Greifen die Fettdepots nicht an.
Artischocken- und Chicoréepräparate	Bitterstoffe	Unterstützen die Fettverdauung im Darmtrakt, bauen aber keine überschüssigen Fettdepots ab; Enzyme sorgen sogar dafür, daß die Nährstoffe vom Körper voll genutzt werden.
Enzymhaltige Präparate	Extrakte aus tropischen Früchten	Auch Nährstoffe werden vom Körper genutzt, da Enzyme die Eiweißverdauung im Magen-Darmtrakt unterstützen. Fettdepots werden jedoch nicht abgebaut.
L-Carnitin	Carnitin	Nur kombiniert mit Ausdauertraining macht Carnitin schlank.

Welches Mittel?	Was ist drin?	Wie zu bewerten?
Schilddrüsenhormone	Thyroxin	Nur unter ärztlicher Beobachtung einnehmen! Bei Gesunden wird eine künstliche Schilddrüsenüberfunktion provoziert. Die Folge: Schlaflosigkeit, Nervosität, Herzrasen, Schweißausbrüche.
Appetitzügler	Ephedrin, Fenfluramin	Vorsicht! Führen zu Herzklopfen, Unruhe, Schlaflosigkeit und Bluthochdruck. Das Reaktionsvermögen wird eingeschränkt. Kann zu Abhängigkeit führen. Nur unter ärztlicher Aufsicht einnehmen!
Abführmittel	Bitter-, Glaubersalz, pflanzliche Öle, pflanzliche Drogen, chemische Substanzen	Abhängigkeit und Darmträgheit sind die Folge, im schlimmsten Fall auch Darmschleimhautreizungen und krampfartige Leibschmerzen. Starker Kaliumverlust.

Algen zum Abnehmen?

Der neueste Hit in Sachen Diät sind Algenpräparate. Sie tauchen verstärkt in der Werbung für Schlankheitsmittel auf. Ob diese Mittel tatsächlich Hilfe beim Abnehmen bringen, ist allerdings sehr fraglich. Auch bei diesem »Naturprodukt« – so die Werbung – überwiegen die Nebenwirkungen (Übelkeit, Kreislaufbeschwerden). Und es sei erwähnt, daß auch diese Präparate meist entwässernde Wirkung haben, das heißt, eigentlich eine Gewichtreduktion nur vortäuschen.

Riskantes Abnehmen

Bei Präparaten mit Meeresalgen wird in erster Linie damit geworben, daß sie »fettzehrende, Fett abschmelzende« Wirkung hätten. Dies aber ist schlichtweg falsch. Einzig und allein der Jodanteil in diesen Mitteln kann zu einer Gewichtsreduktion führen. Da in diesen Meeresalgenpräparaten relativ viel Jod (0,25 bis 1,25 g) enthalten ist, werden die Stoffwechselaktivitäten des Körpers erhöht und somit mehr Energie verbraucht. Dabei handelt es sich eigentlich um eine Überfunktion der Schilddrüse: Das ist aber nicht ungefährlich! Daher ist von diesen Präparaten abzuraten.

Daneben gibt es auch Präparate mit Süßwasseralgen, eher bekannt unter der Bezeichnung »Spirulina«. Dabei versprechen einige Produkte eine Gewichtsabnahme »bis zu 18 Pfund Fett in nur 14 Tagen ohne Hungern oder Turnen«. Auch diese Mittel sind nicht unbedenklich, denn sie enthalten einen hohen Anteil an Nukleinsäure. Zuviel Nukleinsäure jedoch führt zu Gicht.

Vorsicht vor »Light«-Produkten

Wer auf seine Linie achtet und dennoch satt werden will, greift heute gerne zu sogenannten »Light«-Produkten. Es gibt »Light«-Bier, »Light«-Käse, »leichte« Fertiggerichte, »leichte« Schokolade und vieles »Leichte« mehr. Die Verbraucher bedienen sich dieser Lebensmittel in dem Irrglauben, diese hätten weniger Kalorien als vergleichbar »normale« Produkte. Dabei würde ein Blick aufs Etikett genügen – leider schauen die wenigsten Verbraucher da genauer hin. Denn dann würde ihnen auffallen, daß viele dieser »Light«-Produkte keineswegs weniger Kalorien haben.

»Light«-Produkte können zwar bei sinnvollem Gebrauch die Kalorienzufuhr herabsetzen. Da sie aber meist weniger sättigen als »normale« Lebensmittel, verleiten sie dazu, mehr davon zu essen, um richtig satt zu werden. Hinzu kommt das psychologische Moment: Da man diese Produkte als vermeintlich kalorienärmer ansieht, glaubt man auch, mehr davon essen zu können.

»Light« ist nicht gleich »kalorienarm«

Das Wort »light« oder »leicht« ist weder gesetzlich definiert noch geschützt und kann deshalb vielerlei bedeuten:

- leicht bekömmlich
- mit geringem Nährstoffgehalt
- alkoholarm
- alkoholreduziert
- fettarm
- salzarm
- kalorienarm
- kalorienreduziert

Mit »Light«-Produkten lernt man nicht, sich richtig und ausgewogen zu ernähren.

»Light«-Produkte statt richtiger Ernährung

Anstatt die Eßgewohnheiten zu verbessern, verlassen sich viele darauf, daß »leichte« Kost automatisch auch gesünder ist. Leider ist diese Annahme falsch: Auch »Light«-Produkte enthalten Fett; ein

»Light«-Produkte

Nahrungsmittel für die schlanke Linie müssen einen der folgenden Vermerke enthalten:

- Kalorienreduziert: mindestens 40 Prozent weniger Kalorien als ein vergleichbares Lebensmittel.
- Fettreduziert: wenigstens 40 Prozent weniger Fett als vergleichbare Produkte.
- Kalorienarm: nicht mehr als 50 Kalorien pro 100 Gramm Nahrungsmittel; für Suppen, Getränke und Brühen gilt hier sogar ein Wert von 20 Kalorien je 100 Milliliter.

Dessert bleibt immer eine süße Speise – selbst wenn kein Zucker, sondern künstliche Süßstoffe darin enthalten sind. Meist ist diese Nachspeise dann durch ihren hohen Fettgehalt immer noch kalorienreich und nicht unbedingt »leicht«.

»Light« ist nicht unbedingt gesund

Hinzu kommt, daß beim häufigen Verzehr von »Light«-Produkten die Gier nach Süßem eher wächst. Die Ernährungsprobleme bekommt man also durch den Verzehr von »leichter« Kost nicht in den Griff. Wer sich jedoch vollwertig ernähren möchte, sollte gerade bei den »leichten« Nahrungsmitteln eine sorgfältige Auswahl vornehmen.

Abnehmen ohne »Wundermittel«: die fünf goldenen Regeln

Sie können auf all diese Präparate verzichten und dennoch abnehmen, wenn Sie diese Tips befolgen:

1. Essen Sie langsam, kauen Sie gründlich! Wer zudem noch ein Glas Wasser vor dem Essen trinkt und als Vorspeise einen Salat ißt, kann sich jeden Appetitzügler sparen.

Essen Sie viel Obst, Gemüse und Reis – dann sparen Sie sich die Entwässerungstabletten.

2. Essen Sie ballaststoffreiche Lebensmittel, trinken Sie genügend und bewegen Sie sich ausreichend – das ersetzt jedes Abführmittel.
3. Essen Sie weniger Kochsalz und viel Kalium in Form von Obst, Gemüse und Reis – dann brauchen Sie keine Entwässerungstabletten!
4. Essen Sie ausreichend Eiweiß und Vitamine. Der Körper baut sich alle Enzyme aus diesen Nährstoffen auf – Sie benötigen keine zusätzlichen Enzympräparate.

Fazit:

✔ Schlankheitspillen, Enzympräparate und Algen haben viele Nebenwirkungen und entwässern »nur«.

✔ Sie können zu gesundheitlichen Schäden führen.

»Das Leben besteht in der Bewegung«

Diese Weisheit von Aristoteles haben wir bewußt gewählt, um sie dem Kapitel voranzustellen. Auch unsere Vorfahren wußten schon: »Sich regen bringt Segen«. Das gilt selbstverständlich auch für unsere Bemühungen, abzunehmen und eine gute Figur zu bekommen. Anstatt nämlich die Kalorienschraube beim Essen immer weiter nach unten zu drehen, ist es viel wirksamer, den Verbrauch an Kalorien durch mehr Bewegung zu erhöhen.

Bewegung ist wirksamer als Fasten

Fangen Sie es harmlos an:

- Statt mit dem Lift zu fahren, steigen Sie die Treppen hinauf.
- Statt mit dem Auto zu fahren, radeln Sie zur Arbeit.
- Sie gehen zu Fuß zum Briefkasten, Sie verbinden den kleinen Einkauf im Supermarkt mit einem kleinen Spaziergang.

Schon durch diese »ungewöhnliche« Tätigkeit wird der Stoffwechsel des Körpers angeregt. Tun Sie das über einen längeren Zeitraum hinweg, wird immer mehr Fett abgebaut und – die Pfunde purzeln.

Wenn Sie sich sportlich betätigen wollen, um abzunehmen, achten Sie am besten darauf, daß Sie dem Fett erst gar keine Chance geben, sich festzusetzen. Dazu ist es wichtig zu wissen, wie man sich vor, während und nach dem Sport ernährt. Es nützt nämlich zum Beispiel nichts, wenn Sie morgens zwar einen Waldlauf machen, aber vorher – um für die körperliche Leistung gut gerüstet zu sein! – ein kohlenhydratreiches Frühstück zu sich nehmen. Denn: Kohlenhydrate begünstigen den Fetteinbau, indem sie vermehrt Insulin produzieren. Jeder Kilometer Jogging ist dann vergebliche Liebesmüh.

Sprinter verbrennen schneller

Beim Sport verbrennt die Energie in den Muskeln. Die entsprechenden Zellen setzen unter körperlicher Tätigkeit große Mengen Kohlenhydrate und Fett um und erzeugen das sogenannte Adenosintriphosphat (ATP), das die Muskeln antreibt. Dabei geht es nicht darum, jetzt Muskelpakete anzusetzen und Arnold Schwarzenegger zu imitieren. Der Hauptvorteil bei sportlicher Betätigung ist die Aktivierung des Stoffwechsels. Je mehr Muskeln gebildet werden, je mehr Muskeln in Bewegung sind, desto mehr Energie »fressen« sie. Bis es schließlich dann auch an die dafür vorgesehenen Reserven, die Fettzellen, geht. So verbrennen Sprinter beispielsweise am schnellsten ihr Fett.

Machen Sie eine gute Figur!

Allerdings gibt es keinen gezielten Fettabbau an bestimmten kritischen Körperstellen. Nur dort, wo viele Muskelpakete arbeiten, kann viel verbrannt werden. Deshalb ist neben kräftigenden Übungen auch Ausdauersport wichtig, damit möglichst viele Muskeln bewegt werden.

Möglichst viele Muskeln trainieren

Es gibt jedoch Fettzellen, die besser auf Stoffwechselaktivitäten reagieren als andere. Diese sitzen am Oberkörper und – wichtig für die »Herren der Schöpfung« – am Bauch. Ganz schwer verlieren Sie dagegen das Fett an Armen und Beinen, insbesondere an den bei Frauen so kritisch betrachteten Oberschenkeln und am Po.

Auf die Ausdauer kommt es an

Wenn Sie regelmäßig Sport treiben, verhilft Ihnen das zu einem »schlanken Stoffwechsel«. Ausdauersport ist für Übergewichtige heute wichtiger denn je. Denn nur mit ständiger Bewegung können große Muskelmassen aufgebaut werden. Und die sind ja die Voraussetzung für den

Sport hält die Muskeln beim Abnehmen in Form

Kräftigende Gymnastikübungen, ausreichend Kohlenhydrate und Eiweiß sind die besten Voraussetzungen, eine gute Figur zu machen. Wenn Sie dann noch Krafttraining mit Ausdauertraining kombinieren, können Sie am meisten Körperfett loswerden. Außerdem beugen Sie damit automatisch einem Abschlaffen des Stoffwechsels während einer Diät vor. Sie fühlen sich fit und energiegeladen.

Fettabbau. Und je länger die Muskeln beansprucht werden, desto mehr Fett kann verbrannt werden.

Für Übergewichtige gilt:

- Übernehmen Sie sich am Anfang nicht.
- Bauen Sie Ihr Training langsam aus, dann können die Muskeln auf- und später gezielt überschüssiges Fett abgebaut werden.
- Je intensiver und kürzer die Sportart (z. B. beim Sprint) ist, die Sie betreiben, desto mehr Kohlenhydrate verbrennen Sie.
- Belasten Sie den Körper geringer, dafür aber über eine längere Zeit, beginnen die Muskeln, Fett zu verheizen.

Eiweiß für die Muskeln

Vor dem Sport Eiweiß essen

Profisportler essen vor ihrem Training oder einer Sportveranstaltung viel Eiweiß. Beim Sport wird die Eiweißaufnahme in den Muskeln stark eingeschränkt (nur etwa 18 Prozent bei Ausdauertraining). Wenn Eiweiß jedoch fehlt, »verheizen« die Muskeln ihr eigenes Eiweiß. Der Eiweißnachschub ist also sehr wichtig, damit sich das Muskelgewebe nach dem Training wieder regenerieren kann.

Manchmal mag's trotz Eiweißzufuhr nicht klappen mit dem schlanken Körper. Ursache dafür ist eine Mangelversorgung an wichtigen Nährstoffen wie Vitamin B_6 und Eisen sowie Eiweiß zersetzende Enzyme. Fehlen diese Stoffe, werden die Nährstoffe ungenutzt ausgeschieden.

Mit 2000 Kalorien sind Sie dabei

Wissenschaftler haben herausgefunden, daß Übergewichtige durch einen wöchentlichen Mehrverbrauch von 2000 Kilokalorien gezielt abnehmen können. Das muß nicht unbedingt in harten Trainingsstunden oder Aerobic erfolgen. Sie können sich durchaus auch durch Alltagsaktivitäten und moderate Anstrengungen fit machen:

- zwei Stunden Schwimmen in der Woche,
- täglich eine halbe Stunde Spazierengehen oder
- Treppen steigen statt Lift zu fahren – schon alltägliche Betätigungen verbrennen Kalorien.

Hier ein Beispiel, wie Sie in einer Woche 2000 Kalorien, ohne extra Sport zu treiben, loswerden können:

- täglich bis zu drei Kilometer Spazierengehen (= 700 kcal),
- täglich Treppensteigen (= 300 kcal),
- wöchentlich zwei Stunden Radfahren (= 600 kcal),
- wöchentlich zwei Stunden Hausarbeit (= 400 kcal) – macht insgesamt 2000 kcal.

Auch leichte Anstrengung verbraucht Kalorien

Wer also zusätzlich Kalorien abbauen will, kann davon ausgehen, daß leichte Anstrengung etwa fünf kcal/Minute, mittlere bis größere Anstrengung etwa zehn kcal/Minute verbraucht. In der nachstehenden Tabelle haben wir einmal für Sie aufgelistet, bei welcher Tätigkeit man wieviele Kalorien verbraucht.

Tätigkeit	pro Min.	pro Std.
Aerobic	10	600
An- und Ausziehen	1,8	110
Aufräumen	2,1	130
Auto fahren	1,6	100
Ballett	6,6–13	400–800
Bergsteigen	10	600
Betten machen	4,6	280
Bodybuilding	8,3	500
Bügeln	3	180
Eislaufen	5,8	350
Fenster putzen	3,6	220

Tätigkeit	pro Min.	pro Std.
Fernsehen	1,1	65
Fußball	10	600
Geräteturnen	8,3	500
Geschirr spülen	2,6	180
Gymnastik	3,3	200
Holzhacken	4,1	250
Jogging (9 km/h)	10	600
Klavierspielen	1,3	80
Kochen	1,6	100
Langlaufen (9 km/h)	13	780
Radfahren	3,3	200

Tätigkeit	pro Min.	pro Std.	Tätigkeit	pro Min.	pro Std.
Reiten (Trab)	4,6	280	Staub-saugen	3,6	220
Schlafen	1	60	Staub-wischen	3,3	200
Schnee schaufeln	8,3	500	Stehen	1,1	65
Schuhe putzen	2,3	140	Tanzen	5–10	300–600
Schwimmen	5	300	Teig kneten	2,6	160
Sex	2,3–3,3	140–200	Tennis	7,5	450
Sitzen	1	60	Teppich klopfen	4	240
Skilaufen	10	600	Tischtennis	5	300
Skigymnastik	12,5	750	Treppen-steigen	8,3	500
Spazieren-gehen	2,6	160			

Welche Nahrungsmittel zum Sport passen

Jeder, der abnehmen will, sollte jedoch wissen: Bewegung tut zwar gut – doch nur Sport zu treiben, um abzuspecken, nützt gar nichts! Der Erfolg besteht in der Kombination von Bewegung und Nahrungszufuhr. Diese sollte jedoch gezielt durchgeführt werden. Wir sagen Ihnen, welche Lebensmittel Sie am besten bei Sport und Fitneßtraining zu sich nehmen sollten.

Bodybuilding

Kein Bodybuilding während der Diät!

Möchten Sie wie Arnold Schwarzenegger aussehen? Dann besuchen Sie regelmäßig ein Fitneß-Studio, und betreiben Sie Bodybuilding. Aber Vorsicht! Nicht während einer Abmagerungskur! Wer Diät hält, ist körperlich schon genug geschwächt und bringt dann keine Leistung mehr. Muskeln bilden sich dann leider auch keine.

Das sollten Sie essen: Nehmen Sie vorher keine eiweiß- oder fettreichen Lebensmittel zu sich. Sowohl Eiweiß wie auch Fett brauchen lange, um aus dem Darm ins Blut zu gelangen. Und beide erhöhen nicht den Kohlenhydratspeicher. Bevorzugen Sie stärkehaltige Nahrungsmittel wie Kartoffeln, Nudeln, gekochte Karotten, Müsli.

Jogging

Das ist nicht unbedingt der gesündeste Sport (häufige Muskelzerrungen oder verstauchte Knöchel), dafür ist er aber gut für Körper und Psyche. Dabei ist ein Tagespensum von fünf Kilometern am sinnvollsten.

Kohlenhydrate vor dem Start

Das sollten Sie essen: Damit beim Joggen kein Eiweiß aus den Muskeldepots abgebaut werden kann, sollte man vor dem Joggen etwas Kohlenhydrate in Form von einer Banane, einem Müsliriegel oder vier Scheiben Knäckebrot zu sich nehmen. Dann geht einem beim Laufen die Puste nicht aus. Frisches Obst und Rohkost sind ebenfalls für Jogger empfehlenswert. Um die Versorgung mit Eisen zu garantieren, sollten Sie ein Glas Wasser mit frisch gepreßtem Zitronensaft nach dem Sport trinken.

Radfahren

Radfahren kommt immer mehr in Mode, ob zur Arbeit oder in der Freizeit, ob als Fortbewegung oder als Freizeitausgleich. Es gehört zu den Ausdauersportarten und beansprucht die Muskelpartien am ganzen Körper.

Das sollten Sie essen: Erst kurz vor dem Besteigen des Rades sollten Sie eine leichte Kohlenhydrat-Mahlzeit essen, z. B. eine kleine Portion Nudeln. Für Zwischendurch sollten Sie den Müsliriegel im Gepäck haben. Und um den zum Teil hohen Flüssigkeitsverlust aufzufangen, nehmen Sie sich Apfelsaft-Schorle mit.

Schwimmen

Für Übergewichtige ist Schwimmen die ideale Sportart überhaupt. Es kräftigt die Muskeln, entspannt den Körper, kräftigt den Kreislauf und stärkt Rücken- und Bauchmuskulatur. Dabei sind

Schwimm-Sprints zwischendurch ergiebiger als langsames Bahnenschwimmen. Kraulen und Delphin-Schwimmen verbrauchen am meisten Kalorien.

Besonders wichtig: Eisen und Vitamin C

Das sollten Sie essen: Für Schwimmer ist die Versorgung mit Eisen und Vitamin C besonders wichtig, um dem Körper ausreichend Sauerstoff und somit Kraft zuzuführen. Hier sind Leber, Fleisch, Geflügel, Fisch als Eisenspender sowie Karotten, Kartoffeln und Kohlgemüse als Vitamin-C-Versorger die idealen Nahrungsmittel.
Übrigens: Sojasauce steigert die Verwertbarkeit von Eisen im Körper erheblich.

Beim Tennis werden fast alle Muskeln beansprucht.

Tennis

Beim Tennis werden fast alle Muskeln beansprucht. Herz und Kreislauf werden angeregt und das Reaktionsvermögen trainiert. Daher ist es gerade beim Tennissport besonders wichtig, sich vor Beginn gut aufzuwärmen, um der Verletzungsgefahr vorzubeugen.

Das sollten Sie essen:
Um Bänderzerrung oder Muskelriß vorzubeugen, ist die Zufuhr von Magnesium besonders wichtig. Essen Sie vor dem Match ein paar Nüsse oder eine Scheibe Vollkornbrot. Um die Reaktionsfähigkeit zu erhöhen – dies ist besonders bei älteren oder streßgeplagten Menschen notwendig – empfiehlt sich die Einnahme von Lecithin (aus dem Reformhaus).

Wandern

Flottes Spazierengehen – fünf Kilometer in der Stunde – kräftigt den Kreislauf und aktiviert die Herztätigkeit. Leider werden beim Wandern keine Muskeln aufgebaut, man kann aber dennoch mit entsprechender Ernährung dabei langsam abnehmen.

Langsames Abnehmen mit Obst

Das sollten Sie essen: Bereits vor der Wanderung beginnt das Ernährungsprogramm: Essen Sie frisches Obst. Das darin enthaltene Vitamin C aktiviert die Freisetzung von Fett. Sind Sie längere Zeit unterwegs, dann sollten Sie stündlich eine kleine Kohlenhydrat-Mahlzeit knabbern, z.B. einen Müsliriegel, eine Banane oder ein Stück Brot, damit die Kondition erhalten bleibt.

Fazit:

- ✔ Sprinter verbrennen schneller Fett.
- ✔ Mit Ausdauertraining und der Aufnahme von ausreichend Kohlenhydraten und Eiweiß machen Sie (sich) eine gute Figur.

Der tägliche Energiebedarf: Unser Grundumsatz

Um leben, atmen und uns bewegen zu können, brauchen wir Energie. Diese Energie müssen wir unserem Körper zuführen, und das geschieht, wie wir wissen, über die Nahrung. Wir haben die unterschiedlichen Möglichkeiten einer solchen Energiezufuhr bereits kennengelernt: Fett, Kohlenhydrate und Proteine. Welche Energie unserem Organismus guttut und ihm beim Abnehmen hilft – damit wollen wir uns jetzt beschäftigen.

Der Grundumsatz ist individuell

Wieviel Energie der Körper benötigt, hängt von vielen Faktoren ab: von Geschlecht, Alter, Körpergewicht, Körpergröße. Daraus ergibt sich der sogenannte Grundumsatz. Dazu sollte man bedenken, welche körperliche Betätigung man tagtäglich hat, wieviel Streß man erlebt, wieviele Hormone im Körper ausgeschüttet werden, welche Medikamente man einnimmt und in welcher Klimazone man lebt.

Wer nicht körperlich arbeitet, braucht sehr viel weniger Energiezufuhr.

Sicher wissen Sie: Ein Bauarbeiter braucht mehr Energiezufuhr als einer, der tagaus tagein nur im Büro sitzt. Unsere Vorfahren zum Beispiel mußten noch körperlich hart arbeiten und hatten daher einen höheren Kalorienbedarf als wir heute. Auch hier bestehen zwischen Männern und Frauen wieder Unterschiede, denn Statistiken zeigen: Ein männlicher Büroangestellter braucht 2500 Kilokalorien, um seinen Körper zu versorgen und nicht an Gewicht zuzulegen. Eine Frau dagegen kommt mit 2100 Kilokalorien täglich – also 400 Kalorien weniger – aus.

Auch das Alter ist entscheidend. So ganz landläufig weiß man: Je älter man ist, desto leichter nimmt man zu. Das stimmt auch. Zwischen 25 und 45 brauchen wir nach und nach etwa zehn Prozent weniger Energiezufuhr; aber wir essen in diesem Alter durchschnittlich zehn Prozent mehr – Übergewicht ist die Folge. Wieviel Energie Sie zu sich nehmen können, ohne an Gewicht zuzulegen, können Sie aus der untenstehenden Tabelle ablesen.

Wunschgewicht	Empfohlene Kalorienmenge pro Tag					
in kg	Alter der Männer in Jahren			Alter der Frauen in Jahren		
	25	45	65	25	45	65
40 kg	–	–	–	1600	1450	1200
45 kg	–	–	–	1750	1600	1300
50 kg	2300	2050	1750	1900	1700	1450
55 kg	2450	2200	1850	2000	1800	1550
60 kg	2600	2350	1950	2150	1950	1650
65 kg	2750	2500	2100	2300	2050	1750
70 kg	2900	2600	2450	2400	2200	1850

Das Verbrennungs-Trio

Eiweiß, Fett, Kohlenhydrate

Die Energie, die der Körper braucht, um zu funktionieren, beziehen wir aus der Verbrennung der drei Nährstoffe Eiweiß, Fett und Kohlenhydrate. Die dabei entstehende Wärme mißt man in Kalorien bzw. in Joule.

So verbraucht unser Körper bei der Verbrennung von einem Gramm Eiweiß vier Kilokalorien, von einem Gramm Fett neun Kilokalorien und von einem Gramm Kohlenhydrate wiederum etwa vier Kilokalorien. Was wir an Vitaminen, Mineralstoffen, Spurenelementen und Wasser zu uns nehmen, gibt bei der Verbrennung keine Energie ab

Kinder	Alter	Durchschnittliches Gewicht	Kalorien pro Tag
Jungen u. Mädchen	1 - 3	13 kg	1300
	3 - 6	18 kg	1600
	6 - 9	24 kg	2100
Jungen	9 - 12	33 kg	2400
	12 - 15	45 kg	3000
	15 - 18	61 kg	3400
Mädchen	9 - 12	33 kg	2200
	12 - 15	47 kg	2500
	15 - 18	53 kg	2300

und enthält somit auch keine Kalorien. Dennoch gehören sie zu einer ausgewogenen Ernährung und sind für unseren Körper lebenswichtig.

Eiweiß

Wieviel Eiweiß (= Protein) der Mensch benötigt, hängt ab von der Menge der Eiweißbausteine. Unser Körper braucht diese sogenannten Aminosäuren zum Aufbau bzw. zur Erneuerung des eigenen Eiweißes.

Proteine haben einen unterschiedlichen Nahrungswert

Zwanzig verschiedene Aminosäuren sind die Grundbausteine aller Proteine. Acht davon sind sogenannte essentielle Aminosäuren. Das heißt: Unser Organismus kann sie nicht selbst aufbauen, er muß sie daher mit der Nahrung aufnehmen. Der unterschiedliche Gehalt an diesen Aminosäuren ist verantwortlich für den unterschiedlichen Nahrungswert der einzelnen Proteine. Tierisches Eiweiß enthält mehr lebensnotwendige Aminosäuren als pflanzliches. Dennoch sollte mindestens die Hälfte der täglichen Eiweißmenge aus pflanzlichem Eiweiß stammen. Die Kombination beider Eiweißsorten ist für den menschlichen Körper besonders wertvoll. Das Hühnerei hat übrigens die beste Proteinzusammensetzung überhaupt.

Bei einer gemischten und ausgewogenen Ernährung werden die Aminosäuren der verschiedenen Lebensmittel gemeinsam zum Aufbau des Körpereiweißes verwendet. Sie ergänzen sich also gegenseitig. Die optimale Ernährungsformel lautet daher: 1/3 tierisches Eiweiß, 2/3 pflanzliches Eiweiß. Gewöhnen Sie sich also an, nur wenig Fleisch und Wurst, dafür aber mehr pflanzliche und eiweißreiche Lebensmittel zu essen: Vollkornprodukte, Gemüse, Kartoffeln etc. sollten den Löwenanteil Ihres Speisezettels ausmachen. Der Grund: Pflanzliche Lebensmittel enthalten Ballaststoffe und verhindern so eine Überversorgung mit Energie und Eiweiß.

Eiweiß ist wichtig als Baulieferant für Zellen, Muskeln, Organe und Blut. Wir können es nur begrenzt speichern, deshalb müssen wir es täglich zu uns nehmen. Essen wir jedoch zuviel Eiweiß, wandelt es der Körper in Fett um. Säuglinge, Kinder, Jugendliche und Schwangere benötigen mehr Eiweiß wie Erwachsene.
So sollten Erwachsene täglich 0,8 Gramm Eiweiß pro Kilo Körpergewicht zu sich nehmen. Bei Säuglingen rechnet man 2,3 bis 2,5 Gramm pro Kilo Körpergewicht, bei Sechsjährigen zwei Gramm, bei Jugendlichen etwa ein Gramm.

Kohlenhydrate

Sprit für Muskeln und Gehirn

Sie sind die echten Energielieferanten unseres Körpers. Kohlenhydrate sind in Obst, Gemüse, Salaten, Getreide, Brot, Kartoffeln, Hülsenfrüchten, aber auch in Süßigkeiten, Schokolade, Bonbons, Kuchen, Zucker enthalten. Sie sind der Treibstoff für Muskel- und Gehirnarbeit. Ohne sie kann auch unsere Leber nicht arbeiten und Fette aufspalten. Und Kohlenhydrate sind auch lebenswichtig, weil überhaupt mit ihrer Hilfe erst bestimmte Mineralstoffe ins Blut transportiert werden.

Ißt man dagegen zu viele Kohlenhydrate, so wandelt sie unser Körper in der Leber um – in Fett natürlich. Er speichert sie im Fettgewebe. Die Folgen sind klar: Wir bekommen das berühmte Zuviel an Po und

Bauch, Oberschenkel und Hüften. Wer sich ausgewogen ernähren will, sollte deshalb täglich nicht mehr als 100 Gramm Kohlenhydrate zu sich nehmen.

»Gute« und »schlechte« Kohlenhydrate

Kohlenhydrat ist aber nicht gleich Kohlenhydrat. Wie wir bereits gesehen haben, gibt es »gute« und »schlechte« Kohlenhydrate. Die »guten« Kohlenhydrate werden langsam im Körper abgebaut und in Zucker umgewandelt. Ihre Verdauung geht also langsamer vonstatten, da sie nicht so schnell ins Blut schießen. Das Gefühl der Sättigung hält länger vor.

- »Gute« Kohlenhydrate finden sich beispielsweise in Vollkornprodukten, Kartoffeln, Obst, Gemüse und Hülsenfrüchten. Sie sollten darauf achten, daß Sie zwei Drittel Ihres Tagesbedarfs aus den »guten« Kohlenhydraten bestreiten. Wegen ihres hohen Gehaltes an Ballaststoffen regen diese Lebensmittel außerdem die Verdauung besonders gut an.
- Zu den »schlechten« Kohlenhydraten zählen Zucker, Süßigkeiten, polierter Reis und Lebensmittel aus weißem Mehl. Zehn Prozent des Bedarfs an Kohlenhydraten kann man zwar durch Zucker decken. Aber Vorsicht! Da süße Lebensmittel einen geringeren Sättigungswert haben, machen sie eher hungrig als satt. Man ißt automatisch mehr. Außerdem wird der Zucker im Körper in Fett umgewandelt, das sich dann in den Fettzellen ablagert.

Ballaststoffe – nützlicher Ballast

Zum Abnehmen ideal

Unter Ballaststoffen versteht man unverdauliche Bestandteile unserer Nahrung, die in den unbehandelten kohlenhydratreichen Lebensmitteln enthalten sind. Ballaststoffe haben viele Vorteile – vor allem für Leute, die abnehmen wollen:

- Sie enthalten keine Kalorien.
- Sie umhüllen die Nährstoffe und schützen sie.

- Sie sorgen dafür, daß der Stoffwechsel und somit die natürliche Verdauung angeregt wird. Denn: Sie kommen fast unverdaut bis zum Dickdarm.
- Sie regen die Durchblutung des Zahnfleisches an, denn bei einer ballaststoffreichen Nahrung muß man einfach mehr kauen.
- Sie nehmen Flüssigkeit im Dickdarm auf und somit auch schädliche Stoffe, die dann mit ausgeschieden werden.

Fett

Lebenswichtige Lipide

Der Ernährungswissenschaftler spricht nicht von Fetten, sondern von Lipiden. Sie sind für unseren Körper lebenswichtig:

- Sie versorgen ihn mit Energie.
- Sie sind Bestandteile unserer Zellmembranen und Gewebshormone.
- Lipide befördern die fettlöslichen Vitamine A, D, E und K.
- Lipide transportieren die essentiellen Fettsäuren durch die Darmwand in unser Blut.

> Essen Sie eher pflanzliche Fette als tierische, wie Speiseöle, Oliven, Avocados, Nüsse etc. Denn sie enthalten mehr essentielle Fettsäuren. Pro Tag aber nicht mehr als insgesamt 70 bis 80 Gramm Fett verzehren!

Der tägliche Bedarf an diesen unentbehrlichen Fettsäuren liegt bei sechs bis acht Gramm. Essentielle Fettsäuren können nicht vom Körper aufgebaut werden, sie müssen mit der Nahrung zugeführt werden. Fett ist beispielsweise in allen Speiseölen, in Butter, Margarine, Schmalz, Mayonnaise, Nüssen, Oliven und vielen anderen Nahrungsmitteln enthalten. Mit Pflanzenölen und Seefischen können Sie ohne Probleme Ihre Grundversorgung an essentiellen Fettsäuren sicherstellen: Ein Eßlöffel Sonnenblumenöl pro Tag deckt beispielsweise schon den täglichen Bedarf. Ein Mangel an essentiellen Fettsäuren kommt bei uns so gut wie nicht vor.

Vitamine

Nur in den seltensten Fällen kann unser Körper Vitamine selbst herstellen. So bleibt uns keine Wahl: Um gesund und fit zu bleiben, müssen wir Vitamine mit der Nahrung zuführen. Man unterscheidet zwei Vitamingruppen:

- die fettlöslichen Vitamine – dazu zählt man Vitamin A, D, E und K;
- die wasserlöslichen Vitamine – dazu gehören Vitamin B_1, B_2, B_6, B_{12}, Folsäure, Niacin, Pantothensäure, Biotin und Vitamin C.

Ohne Fett geht manchmal nichts

Die erste Gruppe, also die fettlöslichen Vitamine, kann unser Organismus nur zusammen mit Fett aufnehmen. Im Fett werden sie dann über eine längere Zeit gespeichert. Deshalb sollte man beispielsweise Möhren immer mit etwas Salatöl zubereiten.
In der nächsten Tabelle sehen Sie mehr zum Thema fettlösliche Vitamine:

Welches Vitamin	Wichtig für	Wo ist's enthalten?
Vitamin A = Retinol (und Beta-Karotin)	Wachstum, Haut, Sehkraft	Karotten, Spinat, Grünkohl, Rinderleber, Eigelb, Butter
Vitamin D = Calciferol	Calciumeinbau	Fisch, Champignons, Kalbfleisch, Lebertran
Vitamin E = Tocopherol	Funktion der Blutgefäße, Muskeln, Fortpflanzungsorgane	Weizenkeime, Sojabohnen, Weizenkeim-, Soja- und Sonnenblumenöl
Vitamin K = Phyllochinon	Blutgerinnung	Grüngemüse (Brokkoli, andere Kohlsorten, Spinat), Leber, Fleisch, Milch und Milchprodukte

Die zweite Gruppe, also die wasserlöslichen Vitamine, kann der Körper nicht lange einlagern. Deshalb bleibt uns nicht anderes übrig, als diese Vitamine täglich frisch und in ausreichender Menge zu uns zu nehmen. Die nachstehende Tabelle zeigt Ihnen mehr dazu:

Und jeden Tag neu ...

Welches Vitamin	Wichtig für	Wo ist's enthalten?
Vitamin B_1 = Thiamin	Steuerfunktion des Stoffwechsels, Nervensystem, Herz	Vollkornerzeugnisse, Leber, Hülsenfrüchte, Kartoffeln
Vitamin B_2 = Riboflavin	Sauerstofftransport, Eiweißstoffwechsel, Haut	Milch und Milchprodukte, Fleisch, Vollkornerzeugnisse, Seefisch
Niacin = Nicotinsäure früher: Vitamin B_3	Auf- und Abbau von Fetten, Eiweiß und Kohlenhydraten	Fleisch, Fisch, Getreide, verschiedene Nüsse
Pantothensäure früher: Vitamin B_5	Kohlenhydrat-, Fett- und Eiweißstoffwechsel	Fleisch, Fisch, Milch und Milchprodukte, Vollkornerzeugnisse, Hülsenfrüchte
Vitamin B_6 = Pyridoxinchlorid	Eiweißstoffwechsel, Blutbildung	Fleisch, Fisch, Vollkornerzeugnisse, , grüne Bohnen, Kohl, Weizenkeimlinge, Kartoffeln
Biotin früher: Vitamin B_8	Hautfunktion, Aufbau von Fettsäuren und Kohlenhydraten	Leber, Niere, Eigelb und Sojabohnen

Welches Vitamin	Wichtig	Wo ist's enthalten?
Folsäure früher: Vitamin B_9	Zellteilung, Zellneubildung	Weizenkeimlinge, Sojabohnen, Grüngemüse, Vollkornerzeugnisse, Kartoffeln, Fleisch sowie Milch und Milcherzeugnisse
Vitamin B_{12} = Cobalamin,	Blutbildung	Fisch, Eier, Milch und Käse
Vitamin C = Ascorbinsäure	Eisenverwertung, Aufbau von Bindegewebe, Abwehr von Infektionen	Zitrusfrüchte, Kiwi, schwarze Johannisbeeren, Paprika, Kartoffeln

Was uns krank macht: Mangel an Vitamin C und Vitamin B_1

Auf ausreichende Vitaminzufuhr achten

Der tägliche Vitaminbedarf liegt – außer bei Vitamin C – unter 10 Milligramm. Diese geringen Mengen sorgen dafür, daß wesentliche Stoffwechselprozesse im Körper richtig ablaufen. Ein Mangel an Vitaminen kann zu Leistungsabfall und anderen Gesundheitsstörungen führen. Wichtig für all jene, die ein paar Pfunde abnehmen wollen: Gerade in dieser Zeit, wenn Sie also Ihrem Körper weniger Kalorien und Kohlenhydrate zuführen, müssen Sie darauf achten, daß er mit genügend Vitaminen versorgt ist.

Vitaminmangel kann zu Konzentrationsstörungen und Leistungsabfall führen.

Wer sich ausgewogen ernährt, viel frisches Obst und Gemüse ißt, sollte nicht unter Vitaminmangel leiden. Eine Unterversorgung herrscht bei uns meist nur bei Vitamin C und Vitamin B_1. Das hängt damit zusammen, daß wir uns meist eben nicht mit richtiger Mischkost, sondern falsch ernähren: Wir essen zu viel Zucker, helles Mehl und Produkte aus beidem.

Worin ist Vitamin B_1 enthalten?

Vitamin B_1 finden Sie in ausreichender Menge in folgenden Lebensmitteln: Hefe, Vollkornprodukten, Leber, Schweinefleisch, Honig, Salat, Spinat, Hülsenfrüchten, Kartoffeln.

Vitamin B_1 sorgt normalerweise dafür, daß Zucker in den Körperzellen zu Energie abgebaut werden kann. Ist jedoch zu wenig von diesem Vitamin vorhanden, wird Zucker nur noch unvollständig abgetragen. Doch der Körper holt sich dann das Vitamin woanders her: aus den Reserven – und so kommt es schnell zu einer Unterversorgung. Die Folgen sind deutlich zu spüren: Ohne Vitamin B_1 kann in den Zellen aus Kohlenhydraten keine Energie gewonnen werden. Da die Gehirn- und Nervenzellen aber auf diese Energie angewiesen sind, kommt es zu Konzentrationsstörungen, schneller Ermüdung, Erschöpfung und Reizbarkeit – bis hin zu Nerven- und Wachstumsstörungen.

Keine Power ohne Vitamin B_1

Worin ist Vitamin C enthalten?

Vitamin C finden Sie in ausreichender Menge in diesen Lebensmitteln: Zitrusfrüchte, Kiwis, schwarze Johannisbeeren, Paprikaschoten, neue Kartoffeln, Sanddornbeeren.

Ißt man zu wenig Obst und Gemüse, kann es zu einem Vitamin-C-Mangel kommen. Die Folgen können fatal sein: Man wird anfälliger für Erkältungen, die Zähne werden locker und können ausfallen. Auch Blutarmut ist eine Folge von zu wenig Vitamin C im Körper. Achten Sie deshalb darauf: Täglich sollten Sie mindestens 75 mg Vitamin C (am besten mit der Nahrung) zu sich nehmen.

Mineralstoffe – ohne sie läuft im Körper nichts

Keine Nahrungsenergie, aber unerläßlich

Mineralstoffe sind anorganische Elemente, die für den Körper lebensnotwendig sind. Sie liefern keine Nahrungsenergie. Im Körper haben die Mineralstoffe mehrere wichtige Aufgaben zu erfüllen:

- Als Baustoffe sind Calcium und Phosphat notwendig. Sie sind wichtige Bestandteile des menschlichen Skeletts und geben den Knochen und Zähnen ihre Festigkeit.
- Natrium und Kalium regeln den Wasserhaushalt im Körper.
- Kalium, Calcium, Natrium und Magnesium sind für die Nerven- und Muskelfunktionen unerläßlich.
- Magnesium aktiviert zahlreiche Enzyme.
- Alle Mineralstoffe fördern oder hemmen Stoffwechselvorgänge.

Bei gesunder Ernährungsweise wird der Körper ausreichend mit Mineralstoffen versorgt. Dennoch hier im Überblick die wichtigsten Mineralstoffquellen in der Nahrung:

Mineralstoff	Nahrungsmittel	Tagesbedarf
Kalium	Obst, Gemüse, Kartoffeln	2 bis 4 Gramm
Calcium	Milch, Milchprodukte	400 bis 900 Milligramm
Magnesium	Milch, Milch- und Vollkornprodukte, Fleisch, Fisch, Obst, Gemüse	30 bis 350 Milligramm
Natrium	Kochsalz. Vorsicht! Mit Salz und Gesalzenem sparsam umgehen. Zuviel ist gesundheitsschädlich!	bis zu 10 Gramm
Phosphor	Fleisch, Fleischprodukte	800 Milligramm

Eisen und Jod sind besonders wichtig

Besonders wichtig ist die Versorgung mit Eisen und Jod. Vor allem Frauen müssen darauf achten, denn Eisen ist für die Blutbildung notwendig. Eisen findet man in Fleisch, Gemüse, Vollkornprodukten und Hülsenfrüchten. Übrigens: Vitamin C verbessert die Aufnahme von Eisen im Körper! Das Spurenelement Jod ist Bestandteil der Schilddrüsenhormone. Verwenden Sie jodiertes Kochsalz und essen Sie einmal in der Woche Seefisch, dann beugen Sie einem Jodmangel vor.

Spurenelemente – schon kleinste Mengen reichen

Nur in kleinsten Mengen ...

Spurenelemente sind ebenfalls anorganische Stoffe, die vom Körper allerdings nur in kleinen Mengen benötigt werden. Ein Mangel an Spurenelementen kann zu Störungen im Stoffwechsel führen. Wichtige Spurenelemente sind:

- Chrom (Tagesbedarf: 0,006 bis 0,02 g)
- Eisen (Tagesbedarf: 15 mg)
- Fluor (Tagesbedarf: 1,0 mg)
- Jod (Tagesbedarf: 200 mg)
- Kupfer (Tagesbedarf: 1,5 bis 3 mg)
- Kobalt (Tagesbedarf: 0,0015 g)
- Mangan (Tagesbedarf: 2 bis 5 mg)
- Selen (Tagesbedarf: 0,013 bis 0,015 g)
- Zink (Tagesbedarf: 12 bis 15 mg)

Fazit:

✔ Ideal sind 50 g Eiweiß, 100 g Kohlenhydrate und 70 bis 80 g Fett pro Tag.

✔ Vitamine, Mineralstoffe und Spurenelemente sind lebensnotwendig und enthalten keine Kalorien.

Fett oder Kohlenhydrate – was macht dicker?

»Man ist, was man ißt.« Diese alte Weisheit Ludwig Feuerbachs trifft auf die meisten Leute zu. Der Kundige weiß: Den meisten Menschen sieht man nämlich an, was sie essen und vor allem, wieviel sie essen. Denn sowohl die Menge wie auch die Zusammensetzung der verzehrten Nahrungsmittel beeinflussen das Körpergewicht.

Fett erzeugt Fett

»Fett macht dick« – diese Aussage scheint auf den ersten Blick durchaus zu stimmen. Denn: Wer viel fettreiche Nahrung zu sich nimmt, neigt eher zu Übergewicht. Jedoch kann man das nicht verallgemeinern, denn auch die Gene spielen eine nicht unwichtige Rolle bei der Entwicklung des Übergewichts.

Fett wird erst ganz am Schluß abgebaut

Warum ausgerechnet Fett dicker macht als andere Energieträger, liegt daran, daß unser Körper beim Verbrennen der zugeführten Energie seine eigene Rangordnung aufgestellt hat: Fett wird als letztes abgebaut – nach Kohlenhydraten und Eiweiß. Es dauert also erst einmal eine Weile, bis es zur Verarbeitung »dran« ist. Und das führt dazu, daß sich überschüssiges Fett in den Fettzellen festsetzt und schwerer abgebaut wird. Wer viel Fett ißt, sollte wissen: 90 bis 95 % der überschüssigen Energie lagert der Körper ein – und zwar in die Fettzellen. Fett ist also der ideale Energiespeicher.

Dazu kommt, daß unser Organismus ein Problem mit der Regulierung der Nährstoffzufuhr hat:

- Bei Kohlenhydraten und Eiweiß weiß er genau, wann das Maß voll ist. Ißt man zuviel dieser Nährstoffe, stellt sich recht schnell ein natürliches Sättigungsgefühl ein.
- Bei Fett jedoch ist das anders. Hier weiß der Körper nicht, wann er den Befehl »satt« ans Gehirn weitergeben muß. Man kommt in die Versuchung, viel mehr als guttut davon zu essen. Zumal Fett Aromastoffe enthält, die das Essen schmackhafter machen ...

Kohlenhydrate – die Energieverbrenner

Jeder glaubt Bescheid zu wissen: Kohlenhydratreiche Lebensmittel und insbesondere Süßigkeiten sind als »Dickmacher« verschrien. Doch das ist nicht ganz richtig: Ißt man nämlich in normalen Mengen kohlenhydratreiche Lebensmittel, findet nur eine geringe Umwandlung der Kohlenhydrate in Fettsäuren statt. Erst wenn man geradezu in Kohlenhydraten schwelgt, sie also im Überfluß verzehrt, wird Fett in den Depots eingelagert.

Ausgewogene Ernährung – fettarm und kohlenhydratreich

Ganz gleich, ob Sie mehr Fett, mehr Kohlenhydrate oder mehr Eiweiß zu sich nehmen, eines sollte Ihnen klar sein: Wer zu viel ißt, der nimmt auch zu, ganz gleich, welche Lebensmittel er verzehrt. Wirklich entscheidend für den Weg zu Übergewicht ist nämlich das Motto: »Auf die Menge kommt es an.« Wer mehr ißt, als er verbraucht, nimmt unweigerlich zu. Denn die überschüssigen Kalorien werden im Fettgewebe gespeichert.

Die Menge macht's

Die Deutsche Gesellschaft für Ernährung empfiehlt deshalb, den Fettverzehr zu senken. Fett hat, wie wir gesehen haben, von allen Nährstoffen die höchste Energiedichte. Das heißt: Schon mit wenigen Mengen Fett nimmt man viel Energie auf. Einen ganz entscheidenden Nebeneffekt hat geringer Fettverzehr außerdem: Man beugt damit auch gefährlichen Krankheiten wie Herz-Kreislauf-Erkrankungen und bestimmten Krebsarten vor.

Anstelle von Fett sollte man also lieber Lebensmittel verzehren, die viele »gute« Kohlenhydrate enthalten. Denn damit schlagen Sie mehrere Fliegen mit einer Klappe: Ihr Körper bekommt nicht nur Ballaststoffe, sondern auch zahlreiche wertvolle Vitamine und Mineralstoffe sowie Spurenelemente. Stärkehaltige Nahrungsmittel sättigen lange und verhindern den Heißhunger. Außerdem werden Kohlenhydrate aus Kartoffeln, Brot und Nudeln zur Deckung des laufenden Energiebedarfs fast vollständig verbraucht.

So sparen Sie Fett ein

Sie können beim Essen eine ganze Menge Fett einsparen – wenn Sie ein wenig aufpassen. Unsere Tabelle zeigt Ihnen mal Alternativen auf:

Essen Sie statt	Dafür lieber
Brötchen mit Butter und Leberwurst	Brötchen mit deutschem Corned beef oder Geflügelwurst
Brot mit Margarine und Schnittkäse (50 % F.i.Tr.)	Brot mit Schnittkäse (30 % F.i.Tr.)
1 Stück Sahnecremetorte	1 Stück Obstkuchen mit etwas Schlagsahne
2 Spiegeleier mit Butter und Schinken zum Frühstücksbrot	1 gekochtes Ei und 50 g Kräuterquark (mit frischen Kräutern, aus Magerquark)
150 g Sahnequark (40% F.i.Tr.) und 200 g frische Erdbeeren	150 g Magerquark mit 1 Eßlöffel Mineralwasser verrührt und 200 g frische Erdbeeren
200 g paniertes Fischfilet mit Remoulade und Kartoffelsalat	200 g Fisch vom Grill mit Kräutern und Pfeffer, Salzkartoffeln und Blattsalaten (Joghurtdressing)
Thunfisch in Öl	Thunfisch in Wasser konserviert
1 Portion Nußmüsli mit Trockenobst und 200 ml fettarmer Milch	1 Portion Vollkornflocken mit 150 g frischen Früchten und 150 g fettarmem Jogurt
1 paniertes Schweineschnitzel mit Röstkartoffeln und Dosengemüse	1 Putensteak vom Grill mit Reis und Salat (Joghurtdressing)
Sahneeis	Früchtesorbet
50 g Erdnüsse	1 Müsliriegel

Sehen Sie sich auch die zehn goldenen Fett-Spar-Regeln auf Seite 121 an. Dort bekommen Sie nochmals einen guten Überblick, wie Sie Fett einsparen können.

Fazit:

✔ Sie sollten möglichst fettarm und kohlenhydratreich essen.

✔ Dann erhalten Sie sich Ihre gute Figur oder nehmen bei Übergewicht ab.

✔ Dennoch gilt: Die Menge macht's! Zuviel essen bedeutet, dick zu werden.

Wählen Sie die richtigen Lebensmittel

Wir haben es nicht leicht beim Einkauf im Supermarkt: Das übergroße und abwechslungsreiche Lebensmittelangebot in den Geschäften macht es uns immer schwerer, die richtige Auswahl für eine gesunde Ernährung zu treffen. Zahlreiche unbekannte Produkte aus allen Ländern der Welt machen das Angebot zudem immer unüberschaubarer.

Bewußtes Einkaufen mit dem Ernährungskreis

Doch es gibt einen Trick: den Ernährungskreis. Er ist leicht zu merken und bietet einfache Hilfe. In diesem Kreis sind alle Lebensmittel in sieben Gruppen angeordnet. So können Sie auf einen Blick erkennen, wovon man wenig und viel essen darf. Von den lebensnotwendigen Nährstoffen wie Eiweiß, Fett, Kohlenhydraten, Vitaminen, Mineralstoffen, Spurenelementen und Wasser liefert jede Lebensmittelgruppe unterschiedliche Mengen.

Der Ernährungskreis

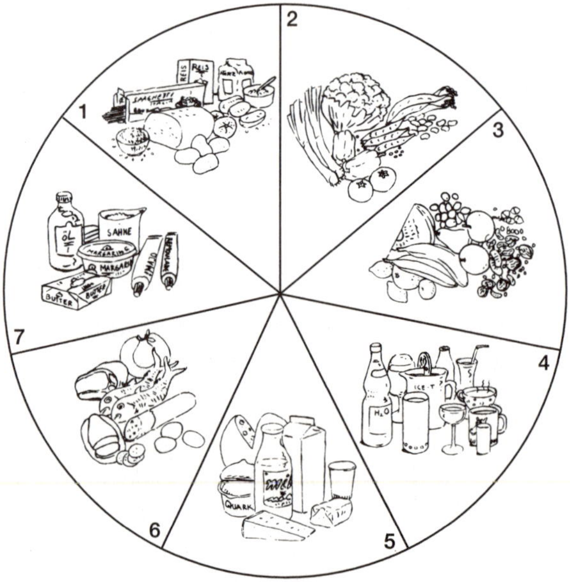

Merken Sie sich einfach drei Regeln:

- Beherzt zugreifen können Sie bei den Lebensmitteln der Gruppen 1 bis 5.
- Zurückhaltend sollten Sie bei den Lebensmitteln aus den Gruppen 6 und 7 sein, vor allem was Fleisch und Eier betrifft.
- Wechseln Sie vor allem bei den Lebensmitteln aus den Gruppen 2 und 6 häufiger ab.

Gruppe 1: Getreide, Getreideprodukte und Kartoffeln

Getreide ist das wichtigste Grundlebensmittel. Dennoch ging in den letzten Jahrzehnten der Brotverzehr drastisch zurück. Vor allem bei Erzeugnissen aus Vollkorn greifen wir nur selten zu. Dabei sind gerade diese Nahrungsmittel wegen ihres hohen Anteils an Ballaststoffen von großer Bedeutung. Getreide liefert außerdem bis zu 70 Prozent Stärke und die wertvollen B-Vitamine sowie Eiweiß und Eisen.

An Vollkornkost muß man sich gewöhnen ...

Wenn Sie Ihre Ernährung auf eine ballaststoffreiche Vollkornnahrung umstellen, kann es in der ersten Zeit zu Blähungen kommen. Gewöhnen Sie Ihren Magen und Darm deshalb langsam an diese ungewohnte Kost. Wichtig ist, daß Sie bei Vollkornnahrung gut kauen und möglichst viel dazu trinken.

Je voller das Korn, desto gesünder

Wenn Getreide bearbeitet wird (Schalenabtrennung), gehen die wertvollen Vitamine, Mineralstoffe und Ballaststoffe verloren. Die Faustregel heißt: Je weniger das Getreide bearbeitet wird, desto höher ist der sogenannte Ausmahlungsgrad. Der höchste Ausmahlungsgrad wird deshalb dem Vollkornmehl zugesprochen. Dieses Mehl enthält noch die gesamten Bestandteile der gereinigten Körner wie Schale und Keimling. Eine hohe Mehltypennummer bedeutet also einen hohen Ausmahlungsgrad und zeigt den Anteil der verbliebenen Mineralstoffe an. So sind in einem Kilogramm Weizenmehl der Type 1050 noch 1050 mg Mineralstoffe enthalten. Entsprechend wertvoller sind dann auch alle Produkte aus vollem Korn.

Wertvolles Vollkornmehl

Kartoffeln – kalorienarm und nährstoffreich

Kartoffeln sind die idealen Fitmacher. Sie sind kalorienarm – nur 70 kcal pro 100 g – und enthalten reichlich Nährstoffe wie Eiweiß, Kalium, Eisen, Vitamin C und B_1. Außerdem enthalten Kartoffeln viel Stärke, die allerdings nur in gekochtem Zustand vom Körper verwertet werden kann.

Kartoffeln am besten mit Schale essen

Besonders wertvoll sind ungeschälte Kartoffeln, da gerade in der Schale die wichtigen Nährstoffe in besonders hohem Maße enthalten sind. Greifen Sie also zu, wenn Sie im Frühjahr neue Kartoffeln bekommen können. Einfach nur gründlich abbürsten, in der Schale kochen und mit Kräuterquark verspeisen – eine Köstlichkeit! Natürlich wissen wir: Ein Klecks Butter macht die Kartoffel noch feiner. Wer abnehmen möchte, sollte aber mit Fett haushalten. Fettreiche Zubereitungsarten der Kartoffel – also Pommes frites, Bratkartoffeln, Kartoffelpuffer oder Rösti – bitte nur in Ausnahmefällen genießen...

Wieviel Sie von Gruppe 1 essen sollten:

- täglich 5 bis 7 Scheiben Vollkornbrot,
- eine Portion (60 Gramm) Reis (unpoliert) oder
- 1 Portion (180 Gramm) Kartoffeln (fettarm zubereitet).

Gruppe 2: Gemüse und Hülsenfrüchte

Wer hin und wieder über einen Wochenmarkt schlendert oder in den Gemüseabteilungen der Supermärkte einkauft, weiß: Das Angebot ist vielfältig und abwechslungsreich. Ebenso vielfältig sind die Inhaltsstoffe von Gemüse: Große Mengen Vitamine, Mineralstoffe, Spurenelemente und Ballaststoffe zeichnen diese Lebensmittel aus. Gemüse ist neben Obst der wichtigste Vitamin-C-Lieferant. Auch die B-Vitamine und das Karotin sind reichlich im Gemüse enthalten, vor allem in Möhren, Grünkohl und Spinat. Ein weiterer Vorteil: Gemüse hat nur wenig Kalorien. 100 Gramm Möhren enthalten beispielsweise nur 25 Kalorien, eine kleine Aubergine (200 Gramm) nur 40 Kalorien.

Je grüner, desto gesünder

Grünes Gemüse, wie Brokkoli, Grünkohl, vor allem aber alle Blattsalate sind außerordentlich vitaminreich. Denn je mehr Chlorophyll in den Blättern gespeichert ist, also je grüner das Gemüse, desto vitaminreicher ist es. Deshalb sollten Sie die äußeren Blätter des Kopfsalats nicht einfach in den Abfalleimer werfen, weil sie nicht ganz so knackig sind oder gar Schmutzstellen aufweisen.

Vitamine – tiefgekühlt am besten

Wichtig ist es, beim Einkauf von Gemüse auf die Frische zu achten. Davon hängt nämlich nicht nur der Geschmack, sondern auch der Nährstoffgehalt ab. Ist das Gemüse nur wenige Tage gelagert, verliert es bis zu 30 Prozent des Vitamingehaltes. Wer nicht täglich (oder wenigstens alle paar Tage) frisch einkaufen kann, sollte deshalb auf Tiefkühlkost zurückgreifen: Tiefgefrorenes Gemüse kann, da es sofort nach Ernte und Reinigung gefroren wird, nährstoffhaltiger sein als überlagertes.

Gemüse entweder ganz frisch oder tiefgekühlt

Gemüse richtig zubereitet

Achten Sie auch bei der Zubereitung von Gemüse darauf, daß die Nährstoffe so weit wie möglich erhalten bleiben. Hier ein paar Tips:

- Gemüse nur kurz unter fließendem Wasser waschen.
- Gemüse in nur wenig Wasser bei geschlossenem Topf garen.
- Gemüse sollte noch »Biß« haben, dann kann man sicher sein, daß noch möglichst viele Nährstoffe enthalten sind.

Hülsenfrüchte – nur »Dickmacher«?

Auch Hülsenfrüchte haben ihre guten Seiten und sind ganz zu unrecht als Dickmacher verschrien. Bohnen, Erbsen, Linsen und vor allem Sojabohnen sind die eiweißreichsten pflanzlichen Nahrungsmittel. In Ergänzung mit Milch und Getreideprodukten sind sie eine ideale Kombination. Hülsenfrüchte sind außerdem eine gute Nervennahrung, denn sie enthalten große Mengen B-Vitamine. Auch zum Aufbau der Knochen sind die »kleinen Früchtchen« geeignet, denn sie liefern reichlich Calcium. Durch ihren hohen Eiweiß- und Stärkegehalt sind Hülsenfrüchte energiereicher als andere Gemüsesorten. Da sie aber gut sättigen, ißt man vergleichsweise wenig davon.

Jedes Böhnchen ein Tönchen?

Die weniger gute Seite der Hülsenfrüchte ist ihre schwere Verdaulichkeit. Damit die »Böhnchen keine Tönchen« geben, sollte man die Hülsenfrüchte vor dem Kochen über Nacht in Wasser einweichen. Verwenden Sie aber dieses Einweichwasser auf jeden Fall dann auch zum Garen: Es enthält die ausgeschwemmten wertvollen Nährstoffe. Noch ein Zubereitungstip, damit Sie vor unliebsamen Blähungen geschützt sind: Geben Sie dem Kochwasser etwas Kümmel zu.

Wieviel Sie von Gruppe 2 essen sollten:

- täglich mindestens 1 Portion Gemüse und
- 1 Portion Salat – je grüner, desto besser.

Gruppe 3: Obst

Paßt immer: Obst

Ob leuchtend rote Äpfel, saftige Pfirsiche oder goldgelbe Bananen – Obst paßt in jeder Form zu einer gesunden Ernährung. Kein anderes Nahrungsmittel hat so wenig Kalorien wie die meisten Obstsorten, und darüber hinaus ist es noch gesund. Obst besteht nämlich wie Gemüse zu 75 bis 95 Prozent aus Wasser und liefert viele Vitamine, Mineralstoffe, Fruchtsäuren, Pektine, Gerbstoffe und leicht aufzunehmende Kohlenhydrate.

Die Stars unter den Früchten

Folgende Obstsorten sind wegen ihres hohen Vitamin-C-Gehaltes besonders gesund:

- Beerenfrüchte (schon eine Portion Erdbeeren deckt den Tagesbedarf an Vitamin C!)
- Zitrusfrüchte
- Kiwis
- Papayas
- Guaven
- Hagebutten

Beim Zucker im Obst handelt es sich um Frucht- und Traubenzucker, also natürlichen Zucker, der vom Körper schnell aufgenommen werden kann. Die Pektine beeinflussen nicht nur die Blutfettwerte positiv, sie saugen wegen ihrer Quellwirkung Giftstoffe, die sich im Darm bilden können, auf und führen sie ab. Ballaststoffe (z. B. in der Obstschale) helfen, Verstopfung vorzubeugen. Gerbstoffe verhindern Entzündungen der Magen- und Darmschleimhaut. Von den Mineralstoffen findet man in Obst hauptsächlich sechs Sorten: Kalium, Natrium, Calcium, Phosphor, Magnesium und Eisen. So enthalten Weintrauben beispielsweise reichlich Kalium. Schwarze Johannisbeeren bunkern die meisten Mineralien. Aber auch Aprikosen und Kiwis sind sehr mineralstoffreich.

Extratip:

Essen Sie für den »Hunger zwischendurch« eher Obst anstatt Süßigkeiten oder Schokolade. Zum Vergleich: 100 Gramm Vollmilchschokolade enthalten 526 kcal, 100 Gramm Apfel nur 50 kcal.

Nüsse – gesund, aber kalorienreich

Auch Nüsse gehören zur Lebensmittelkategorie Obst. Neben dem hohen Gehalt an Nährstoffen und Ballaststoffen liefern Nüsse wegen ihres hohen Fettgehaltes sehr viel Energie. So hat eine Tüte Erdnüsse (100 Gramm) stolze 627 Kalorien, deckt aber den täglichen Bedarf an Kalium und Vitamin B_1.

Fürs Abnehmen sind Nüsse also weniger geeignet. Dennoch können Sie sich ruhig hin und wieder eine Handvoll Nüsse als Zwischenmahlzeit oder als Nahrungsergänzung im Obstsalat gönnen – vor allem, wenn Sie sich in einer Streß-Situation befinden. Denn Nüsse sind auf Grund des hohen Vitamin-B-Gehaltes echte Nervennahrung.

Nüsse sind Nervennahrung

Trockenobst – Verdauungshelfer und Kalorienbomben

Getrocknete Aprikosen, Feigen, Datteln, Rosinen sind die Obstsorten, die es bei uns auf dem Markt am häufigsten in getrockneter Form gibt. Aber auch Äpfel, Birnen, Ananas und Quitten findet man als Trockenobst in den Regalen.

Deutlich höherer Zuckergehalt

> Einen Erfolg, nämlich den durchschlagenden, können die Trockenobstsorten für sich verbuchen: Durch ihren hohen Anteil an Ballaststoffen fördern sie die Verdauung, vor allem, wenn man sie auf nüchternen Magen ißt.

Weil dem frischen Obst durch das Trocknen bis zu 85 Prozent Wasser entzogen wird, liegen die Inhaltsstoffe in konzentrierter Form vor. Deshalb ist bei diesen Früchten nicht nur der Geschmack intensiver, sondern auch der Zuckergehalt. Allein 100 Gramm getrocknete Aprikosen enthalten fünfmal soviel Kalorien wie die gleiche Menge frischer Aprikosen. Leider werden durch das Trocknen, das nicht immer schonend vor sich geht, hitze- und sauerstoffempfindliche Vitamine (A, B_1, C, D, E, K, Folsäure, Pantothensäure) größtenteils zerstört.

Kandierte Früchte – der pure Zucker!

Finger weg von kandierten Früchten und vor allem von Obstkonserven: Sie enthalten reichlich Zucker. Kandierte Früchte enthalten bis zu 75 Prozent dieses »leeren« Kohlenhydrats. Auch Obstkonserven sollten Sie mit Vorsicht genießen. Denn diese Früchte schwimmen geradezu in Zucker. Allerdings kann man auf jeder Dose sehen, wieviel Zucker man zu sich nimmt:

Beschreibung	Zuckergehalt (g/100g)
»sehr leicht gezuckert«	9–14 Prozent
»leicht gezuckert«	14–17 Prozent
»gezuckert«	17–20 Prozent
»stark gezuckert«	über 20 Prozent

Wieviel Sie von Gruppe 3 essen sollten:

- täglich mindestens 200 bis 250 g frisches Obst.

Gruppe 4: Getränke

Sie wissen sicher: Unser Körper besteht zu etwa 60 Prozent aus Wasser. Allein in den Muskeln stecken bis zu drei Viertel Wasser. Und das Blut besteht zu 90 Prozent aus Wasser. Sie sehen: Wasser ist Leben. In der Rangliste der lebenswichtigen Elemente steht Wasser nach Sauerstoff an zweiter Stelle. Es ist ein wahres Lebenselixier. Denn:

Wasser ist Leben

- Es löst wasserlösliche Nährstoffe aus der Nahrung und transportiert sie über das Blut in die Körperzellen.
- Es sorgt dafür, daß alle Abfallprodukte des Stoffwechsels über die Nieren ausgeschieden werden.
- Es läßt die Speisen aufquellen und transportiert sie durch den Darm.

Beim Abnehmen viel trinken!

Der Körper benötigt täglich zwei bis drei Liter Flüssigkeit. Einen Teil davon nehmen wir mit unserer Nahrung auf. Wir erinnern uns: Allein Obst und Gemüse enthalten bis zu 75 Prozent Wasser. Das reicht aber nicht aus. Wir müssen noch etwa eineinhalb bis zwei Liter zusätzlich an Flüssigkeit aufnehmen. Vor allem beim Abnehmen muß man reichlich trinken, da die Abbauprodukte des Körperfetts mit der Flüssigkeit ausgeschieden werden. Auch wenn Sie viel ballaststoffreiche Nahrung zu sich nehmen, sollten Sie reichlich dazu trinken, sonst wirken diese Speisen stopfend.

Beim Abnehmen viel trinken, da die Abbauprodukte des Körperfetts mit der Flüssigkeit ausgeschieden werden.

Wasser und kalorienarme Getränke bevorzugen

Nicht jedes Getränk ist ein guter Durstlöscher

Es sollte Ihnen nicht gleichgültig sein, mit welchen Getränken Sie Ihren Durst löschen. Ideal sind alle Mineralwässer und ungesüßte Tees. Wenn Sie auf Saft aber nicht verzichten wollen, verdünnen Sie Ihren Obstsaft mit etwas Wasser. Finger weg von Kalorienbomben wie Cola, Limonade und anderen zuckerreichen Getränken! Sie liefern viele Kalorien und löschen Ihren Durst kaum. Die nachstehende Tabelle mag Ihnen einen kleinen Überblick verschaffen:

Welches Getränk?	Menge	Kalorien	Joule
Säfte – Limonaden			
Apfelsaft	0,25 l	108	494
Cola-Getränke	0,25 l	100–112	419–468
Cola light	0,33 l	1	4
Holunderbeerensaft	0,25 l	40	167
Limonaden	0,25 l	100–115	419–481
Mineralwasser	unbegrenzt	0	0
Orangensaft, frischgepreßt	0,1 l	49	205
Rote-Bete-Saft	0,1 l	10	41
Sanddornsaft	0,1 l	25	104
Selleriesaft	0,1 l	33	138
Tomatensaft	0,1 l	19	79
Tonic Water	0,1 l	30	125
Zitronensaft, von 1 Frucht		10	42
Zitronenteegetränk, instant	0,25 l	81	339
Biere			
Doppelbock	0,25 l	166	694
Export	0,25 l	116	485

Welches Getränk?	Menge	Kalorien	Joule
Biere			
Weizenbier	0,5 l	226	946
alkoholfreies Bier	0,25 l	70	293
Malzbier (Nährbier)	0,25 l	146	586
Pils	0,25 l	115	481
Diät-Pils	0,25 l	75	314
Liköre			
je nach Zuckergehalt	2 cl	45–70	188–293
Eierlikör	2 cl	70	293
Kroatzbeere	2 cl	62	259
Kümmellikör	2 cl	53	222
Pernod	2 cl	51	213
Wermut, trocken	0,1 l	105	440
Wermut, süß	0,1 l	165	691
Milch			
Buttermilch	0,25 l	90	377
Kaba, 2 Teelöffel	1 Tasse	100	419
H-Kakao, trinkfertig	0,1 l	55	230
H-Milch, 3,5 % Fett	0,1 l	65	272
H-Milch, 1,5 % Fett	0,1 l	35	146
H-Milch mit Vanille-, Bananen-, Orangengeschmack	0,1 l	67	280
Sauermilch	0,1 l	66	276
Trinkjoghurt	0,1 l	66–74	276–310

Welches Getränk?	Menge	Kalorien	Joule
Weine			
Champagner	0,25 l	180	754
Chianti	0,25 l	200	837
Portwein	0,1 l	160	670
Rheinwein, weiß	0,25 l	170	712
Roséwein	0,25 l	165	691
Rotwein im Durchschnitt	0,25 l	190	795
Sekt	0,25 l	175–205	733–858
Weißwein im Durchschnitt	0,25 l	175	733
Apfelwein	0,25 l	96	400
Beerenweine	0,2 l	177	740
Most	0,25 l	130	544
Spirituosen			
Aquavit	2 cl	39	163
Branntwein je nach Alkoholgehalt	2 cl	45–56	188–234
Gin	2 cl	50	209
Rum, 38 %	2 cl	64	268
Rum, 45 %	2 cl	75	314
Wodka	2 cl	53	221
Sonstiges			
Caro Instant, ungesüßt	0,25 l	8	33
Kaffee ohne Milch/Zucker	1 Tasse	6	25
Kaffee mit je 1 TL Milch und Zucker	1 Tasse	44	184
Malzkaffee	0,1l	5	20

Welches Getränk?	Menge	Kalorien	Joule
Sonstiges			
Tee ohne Milch/Zucker	1 Tasse	0	0
Tee mit 1 Teelöffel Kondensmilch	1 Tasse	6	25
Tee mit je 1 TL Kondensmilch und Zucker	1 Tasse	25	104

Bevorzugen Sie Getränke, die den Organismus gut durchspülen, Ihren Körper aber nicht belasten oder ihm gar schaden. Dazu zählen die folgenden:

- Mineralwasser mit wenig Kohlensäure
- Kräuter- oder Früchtetees ohne Zucker
- naturreine Gemüsesäfte sowie Gemüsebrühe
- naturreine Obstsäfte (100% Fruchtgehalt, ohne Zuckerzusatz)
- fettarme Milch

Alkohol nur in Maßen – wenn überhaupt!

Alkoholische Getränke liefern ebenfalls viel Energie: Deshalb beim Abnehmen lieber Finger weg! Außerdem verleitet Alkohol verstärkt zum Essen, denn er regt die Magensäfte an. Abgesehen davon ist Alkohol, wenn nicht in Maßen getrunken, gesundheitsschädlich. Nicht zuletzt beeinträchtigt Alkohol natürlich das Reaktions- und Leistungsvermögen.

»Flüssig« abnehmen

Gerade wenn Sie weniger Nahrung zu sich nehmen, also wenn Sie abnehmen wollen und Diät halten, nehmen Sie – sozusagen automatisch – auch weniger Flüssigkeit auf. Denn: Selbst in jedem festen Nahrungsmittel ist Wasser enthalten; in Obst und Gemüse sogar 40 bis 70 Prozent. Zu wenig Flüssigkeitsaufnahme kann jedoch gefährlich sein: Unser Körper braucht sein Quantum, um wirklich gut funktionieren zu können. Und das bedeutet: Sie sollten mindestens zwei Liter Flüssigkeit am Tag zu sich nehmen. Trinken Sie also beim Abnehmen mindestens einen Liter mehr Flüssigkeit als üblich! Werfen Sie einen Blick

Mindestens zwei Liter Flüssigkeit am Tag

> Wem »Mineralwasser pur« geschmacklich zu langweilig ist, kann ein wenig nachhelfen: mit einem Spritzer Zitronensaft oder einem Löffel Apfelessig. Wenn Ihnen das immer noch nicht geschmackvoll genug ist, mischen Sie Obstsäfte halb und halb mit Mineralwasser. Eine Alternative zum Mineralwasser sind auch Kräutertees.

auf die Tabelle auf Seite 108ff und suchen Sie sich die Getränke heraus, die besonders wenige Kalorien enthalten.

Wasser läßt nur scheinbar Pfunde purzeln

Bei jedem Abspecken geht es an die Reserven, nämlich ans körpereigene Fett. Dann arbeiten all unsere Ausscheidungsorgane auf Hochtouren, vor allem die Nieren. Das Gefährliche daran: Sie brauchen ständig Nachschub an Flüssigkeit. Sonst stellen sie ihre Arbeit ein. Das führt unweigerlich zu Darmträgheit und kann sogar Vergiftungserscheinungen hervorrufen.

Schnelle Gewichtsabnahme beruht auf Wasserverlust

Jeder, der schon einmal eine Diät gemacht hat, weiß: In den ersten paar Tagen geht der Zeiger der Waage schnell nach unten. Erfahrenen »Hungerkünstlern« ist klar: Rasche Gewichtsverluste sind immer nur Wasserverluste. Vor allem zu Beginn einer Diät purzeln die Pfunde. Das liegt daran, daß die aufgenommenen Kohlenhydrate im Körper relativ viel Wasser binden. Sobald man weniger Nahrung und damit weniger Kohlenhydrate aufnimmt, werden als erstes die körpereigenen Kohlenhydratspeicher abgebaut; damit will unser Organismus die zum Funktionieren nötige Energie bereitstellen. Der Körper verliert Wasser und damit an Gewicht. Der gewünschte Fettabbau aber tritt in jedem Fall erst später ein – je nach Zusammensetzung der Diät – erst nach dem dritten Tag.

> Wer seine Diät außerdem mit sportlicher Betätigung unterstützt, braucht noch mehr Wasser. Der Grund: Beim Sport und jeder anderen körperlichen Arbeit schwitzen wir, und durch Schwitzen verlieren wir in der Stunde rund 1 bis 1,5 Liter Flüssigkeit.

Das Gute am Mineralwasser

Der Name verrät es schon: In Mineralwasser sind zahlreiche wertvolle Mineralien enthalten. Auch Spurenelemente finden sich darin. Deshalb wirkt es sich günstig auf den menschlichen Organismus aus. Ein Blick aufs Etikett verrät dem Verbraucher, welche Mineralstoffe und Spurenelemente in welchen Mengen enthalten sind.

Finden Sie das richtige Wasser zum Abnehmen

Achten Sie darauf, daß Ihr Mineralwasser nicht zu hohe Mengen Natrium und Chlorid enthält. Diese beiden Mineralstoffe ergeben in ihrer Verbindung nämlich das Kochsalz, das Wasser bindet und dick macht. Außerdem ist Kochsalz bei erhöhter Zufuhr gesundheitsschädlich, denn es führt zu Bluthochdruck.

Wieviel Sie von Gruppe 4 trinken sollten:

- täglich 1,5 Liter Flüssigkeit mit Wasser oder kalorienarmen Getränken.

Gruppe 5: Milch und Milchprodukte

Milch ist ein wertvolles Lebensmittel, denn es liefert viele wichtige Nährstoffe für den Körper. Hier stehen an oberster Stelle Eiweiß, Calcium und Vitamin B_{12}.

Unser wichtigster Calciumspender

Milch ist der bedeutendste Calciumlieferant in unserer Ernährung. Mit Milch und Milchprodukten nehmen wir am schnellsten die täglich empfohlene Calciummenge von 900 bis 1000 Milligramm auf. Da reicht pro Tag zum Beispiel ein Viertel Liter Vollmilch und zwei Scheiben Emmentaler Käse.

Milch muß nicht fett sein

Achten Sie beim Abnehmen auf den Fettgehalt der Milch und der Milchprodukte. Im Handel findet man verschiedene Sorten Milch bzw. Milchprodukte, die je nach Fettgehalt eingeteilt werden in:

- Vollmilch (mind. 3,5 Prozent Fett)

- fettarme oder teilentrahmte Milch (1,5 bis 1,8 Prozent Fett)
- entrahmte Milch oder Magermilch (höchstens 0,3 Prozent Fett)
- Sahne (25-29 Prozent Fett)
- Schlagsahne oder Schlagrahm (mind. 30 Prozent Fett)
- Schlagsahne »extra« (mind. 36 Prozent Fett)
- Kaffeesahne oder Trinksahne (mind. 10 Prozent Fett)

Haltbar gemachte Milch – weniger wertvoll?

Es gibt keinen wesentlichen Unterschied zwischen Rohmilch und pasteurisierter Milch, was den Vitamingehalt angeht. Denn beim Pasteurisieren wird die Milch so schonend wie möglich erwärmt.

H-Milch: weniger Bakterien, aber auch weniger Vitamine

Beim Ultrahocherhitzen (also der H-Milch) und Sterilisieren ist das schon anders: Hier treten durch sehr hohe Erhitzung erhebliche Vitamin- und Geschmacksverluste auf. Allerdings werden durch diese Behandlung der Milch auch krankheitserregende Keime, Bakterien und Viren abgetötet.

Wieviel Sie von Gruppe 5 trinken bzw. essen sollten:

- täglich 1/4 Liter Milch und
- zwei Scheiben Käse.

Gruppe 6:
Fisch, Fleisch und Eier

Diese Lebensmittel bieten alle Nährstoffe, die der Körper braucht: Eiweiß, Fett, Vitamine, Mineralstoffe und Spurenelemente. Da es sich bei Eiweiß hauptsächlich um tierisches handelt, enthalten in Fleisch, Wurst und Eiern, müssen Sie bei diesen Nahrungsmitteln außerdem besonders auf versteckte Fette achten.

Seefisch ist gesund

Am gesündesten in der Lebensmittelgruppe 6 ist der Fisch. Vor allem der Seefisch spielt in einer ausgewogenen Ernährung eine bedeutende Rolle. Kabeljau, Hering, Thunfisch und viele andere Kaltwasserfische enthalten nämlich hochwertiges Eiweiß, reichlich Jod – für die Schilddrüse – und Omega-3-Fettsäuren zur Vorbeugung von Herz-Kreis-

Vorsicht vor Cholesterin

Noch immer essen die Deutschen zuviel Fleisch und Wurstwaren. Trotz BSE-Skandal liegt der Pro-Kopf-Verbrauch an diesen Lebensmitteln sehr hoch. Fleisch und vor allem Wurst enthalten reichlich unerwünschte Begleitstoffe wie Fett, Cholesterin und Purine. Ganz verdammen muß man das Fleisch allerdings nicht, denn es hat auch seine positiven Seiten. So enthält beispielsweise Schweinefleisch reichlich Vitamin B_1. Bei einer ausgewogenen Ernährung kann Fleisch durchaus auf dem Speiseplan stehen, jedoch in Maßen. Empfohlen werden deshalb zwei bis drei Fleischmahlzeiten mit maximal 150 Gramm Fleisch pro Woche.

lauf-Erkrankungen. Mindestens ein- bis zweimal wöchentlich sollte deshalb bei Ihnen Fisch auf dem Speiseplan stehen.

Essen Sie regelmäßig Fisch

Extratip

Greifen Sie lieber zu fettarmen Wurstsorten, z. B. Geflügelwurst, oder zu vegetarischen Brotaufstrichen. Diese gibt es in vielen Geschmacksrichtungen, nicht nur im Reformhaus.

Das Ei ist eines der wertvollsten Nahrungsmittel, denn es enthält wichtige Nährstoffe in optimaler Kombination. Dennoch sollte man nicht mehr als zwei bis drei Eier in der Woche essen, da das Ei sehr viel gesundheitsschädliches Cholesterin enthält. Wenn Sie einen Cholesterinspiegel von mehr als 200 mg/dl Blut haben, sollten Sie Ihren Eierkonsum drastisch einschränken und einen Arzt zu Rate ziehen.

Wieviel Sie von Gruppe 6 essen sollten:

- wöchentlich ein bis zwei Portionen Seefisch,
- höchstens zwei- bis dreimal pro Woche eine Portion Fleisch,
- maximal 50 Gramm Wurst und
- maximal drei Eier pro Woche.

Geben Sie pflanzlichen Fetten und Ölen den Vorrang, Sie enthalten für unseren Körper wertvolle Fettsäuren.

Gruppe 7: Fette und Öle

Sie wissen es schon: Wir nehmen viel zu viel Fett zu uns. In Deutschland essen wir beispielsweise fast doppelt soviel Fett, als es empfehlenswert wäre. Und die Folgen sind uns nur allzu gut bekannt: Übergewicht, Herz-Kreislauf-Erkrankungen und Stoffwechselstörungen.

Täglich höchstens 40 Gramm Koch- oder Streichfett

Ungefähr die Hälfte des Fettverbrauchs sind sichtbare Fette wie Koch- und Streichfette. Die andere Hälfte nimmt man mit versteckten Fetten in Fleisch, Wurst, Eiern, Milchprodukten, Kuchen und Süßigkeiten zu sich. Deshalb lautet die Empfehlung: täglich höchstens 40 Gramm Koch- oder Streichfett verzehren. Das sind beispielsweise zwei Eßlöffel Butter und ein Eßlöffel Salatöl.

Garen ohne Fett

Bei Übergewicht sollte man also nicht nur den Verzehr der versteckten Fette reduzieren, sondern auch die Koch- und Streichfette. Wählen Sie deshalb Garmethoden, bei denen Sie kaum oder gar kein Fett benötigen wie beispielsweise das Garen in der Folie oder im Tontopf.

Pflanzliche Fette bevorzugen

Ganz ohne Fett geht es nicht – unser Körper braucht es zum Überleben. Denn Fett liefert Energie und erfüllt eine wichtige Funktion als Träger essentieller Fettsäuren und bei der Verwertung der fettlöslichen Vitamine A, D, E, K.

Sorgfältigkeit bei der Fettauswahl

Gerade deshalb ist es notwendig, daß man sich das Fett, das man zu sich nimmt, sorgfältig aussucht. Geben Sie den pflanzlichen Fetten und Ölen den Vorrang. Sie enthalten die wertvollen Fettsäuren. Bereiten Sie Ihren Salat also mit Distel-, Soja-, Oliven- oder Sonnenblumenöl zu.

Wieviel Sie von Gruppe 7 essen sollten:

- Täglich höchstens 40 Gramm Koch- oder Streichfett.
- Generell pflanzliche Öle bevorzugen, z. B. Sonnenblumenöl.

Fazit:

✔ Wählen Sie Ihre Lebensmittel in der richtigen Menge aus allen sieben Gruppen des Ernährungskreises aus.
✔ Achten Sie auf Abwechslung.
✔ Dann ernähren Sie sich ausgewogen – Ihrer Gesundheit zuliebe!

Abnehmen – und schlank bleiben!

Abnehmen bedeutet Anstrengung – aber nicht Hungern

Wir haben gesehen, daß keine Diät, kein Wundermittel langfristig auf gesunde Weise Gewicht reduzieren kann. Sie müssen sich selbst »anstrengen«: Erst wenn Sie Ihre Ernährungsgewohnheiten umstellen, nehmen Sie auch ab. Dabei können Sie es sich ruhig schmecken lassen und müssen (beinahe) auf nichts verzichten. Eines jedoch müssen Sie ganz gewiß niemals – sich kasteien und hungern! In diesem letzten Kapitel haben wir Ihnen alle Regeln zusammengefaßt, die Sie brauchen, wenn Sie erfolgreich und auf Dauer abnehmen wollen.

So stellen Sie Ihr Eßverhalten um – diese 15 goldenen Regeln helfen Ihnen dabei

1. Wenn Sie abnehmen wollen (oder müssen), verabschieden Sie sich von der Idee, daß dies schnell gehen muß. Stellen Sie sich auf langsamen Gewichtsverlust ein. Der Vorteil: Ihre gepurzelten Pfunde bleiben eher auf Dauer weg. Der Grundumsatz wird nicht so stark gesenkt und die Gefahr, schnell wieder zuzunehmen, ist deshalb nicht so groß.
2. Nehmen Sie ein einziges Mal ab – dann aber richtig! Das soll nun nicht heißen, daß Sie in kurzer Zeit gleich 10, 20 oder gar 30 Kilo abspecken sollen. Sondern Sie sollen auf die richtige Art und Weise dauerhaft abnehmen. Wer eine Diätkur nach der anderen macht, der versetzt seinen Körper in einen »Sparzustand«. Die Folge: Die Energie wird besonders intensiv genutzt, man nimmt leichter an Gewicht zu als vorher.
3. Kontrollieren Sie Ihr Gewicht regelmäßig. Stellen Sie sich aber auch nicht jeden Tag auf die Waage. Denn gerade bei Frauen schwankt das Gewicht – z. B. vor den »Tagen« – enorm. Die Enttäuschung ist groß, wenn man – trotz »Aufpassen« – ein paar Pfunde zulegt. Und man resigniert dann gerne und greift erst recht zu kalorienreichen »Tröstern« … Gewöhnen Sie sich lieber an, einmal pro Woche auf die Waage zu steigen, und das immer zur selben Zeit und am besten ohne Kleidung. Wenn Sie dann Ihr Zielgewicht erreicht haben, belohnen Sie sich – aber nicht durch eine

Leckerei! Sondern vielleicht durch ein neues schickes Bekleidungsstück für Ihre Garderobe.

4. Übertreiben Sie die Gewichtsabnahme nicht. 500 Gramm in der Woche reichen völlig aus, um gesund und konsequent abzunehmen.
5. Treiben Sie zusätzlich zur Gewichtsabnahme regelmäßig Sport. Sie müssen kein Hochleistungsathlet werden oder täglich einen Waldlauf machen. Aber Sie sollten sich angewöhnen, auf ausreichende Bewegung zu achten. Welcher Sportart (oder besser: sportlichen Betätigung) Sie sich verschreiben, ist dabei gleichgültig. Hauptsache, Ihr gesamter Organismus kommt ein- bis zweimal pro Woche richtig auf Touren.
6. Wer abnehmen will, sollte in erster Linie seine Eßgewohnheiten überprüfen und gegebenenfalls ändern. Crashdiäten, einseitige Wunderkuren oder gar Appetitzügler bringen nichts!
7. Verzehren Sie mehr kohlenhydratreiche (stärke- und ballaststoffreiche) und weniger fetthaltige Lebensmittel. Und halten Sie sich beim Einkaufen an den Ernährungskreis (siehe Seite 100ff).
8. Schreiben Sie sich auf, was Sie tagsüber so verzehren. Dann bekommen Sie die Kontrolle auch darüber, was Sie außerhalb der Mahlzeiten naschen. Vergleichen Sie diese Liste mit den energiearmen Lebensmitteln und den Fatburnern aus diesem Buch. Wenn nötig, stellen Sie Ihre Einkaufsliste und den Speiseplan um.
9. Schreiben Sie vor dem Einkaufen auf, welche Lebensmittel Sie wirklich benötigen. Abnehmen fällt am Anfang leichter, wenn Sie sich Woche für Woche (oder wenigstens für die nächsten paar Tage) einen Speiseplan machen. Noch ein Tip am Rande: Gehen Sie niemals hungrig einkaufen ...

Nie hungrig einkaufen

10. Essen Sie statt drei großen Mahlzeiten lieber vier oder fünf kleine. Das bringt Sie in Schwung und mindert das Leistungstief.
11. Essen Sie langsam. Kauen Sie die Speisen gut und achten Sie darauf, wann das Sättigungsgefühl eintritt. Dann hören Sie auf zu essen, selbst wenn Sie als Kind gelernt haben, den Teller immer leer zu essen. Genießen Sie, was auf Ihrem Teller liegt und stopfen Sie nicht in sich hinein, nur weil's noch da ist.

12. Essen Sie nie aus Langeweile oder schnell mal zwischendurch. Planen Sie Ihre Mahlzeiten liebevoll, decken Sie sich den Tisch.
13. Lesen Sie nicht während des Essens oder schauen Sie gar fern. Das lenkt Sie ab – und Sie verspeisen viel mehr, als Ihr Hunger einfordert.
14. Verzichten Sie beim Fernsehen auf Knabbereien und Süßigkeiten. Wenn's denn unbedingt sein muß: Greifen Sie zu Obst oder Gemüse!
15. Bereiten Sie die Lebensmittel möglichst fettarm und schonend zu. Garen Sie kurz und mit wenig Wasser, damit die wertvollen Vitamine und Mineralstoffe in den Speisen enthalten bleiben.

Wählen Sie die richtigen Lebensmittel – diese sieben goldenen Regeln sagen Ihnen, welche

Man ist, was man ißt

1. Frisches Obst und Gemüse sollten Sie möglichst roh essen, denn dann enthalten die Lebensmittel mehr Ballaststoffe, Vitamine und Mineralien.
2. Bevorzugen Sie Vollkornprodukte und andere ballaststoffreiche Lebensmittel. Sie liefern wichtige Nährstoffe.
3. Greifen Sie zu fettarmen Produkten, vor allem bei Wurst und Käse. Fette Lebensmittel machen fett!
4. Verwenden Sie statt normalem Salz lieber jodiertes und würzen Sie lieber mal mit Kräutern und frischen Gewürzen. Die sind nicht nur gesünder, sondern unterstreichen den Eigengeschmack der Speisen.
5. Trinken Sie viel! Täglich bis zu zwei bis drei Liter Flüssigkeit. Nur so können die Endprodukte Ihres Stoffwechsels ausgeschieden werden.
6. Vermeiden Sie Alkohol. Dieser birgt nur »leere« Kalorien, und davon nicht wenige. Wer nicht darauf verzichten mag: In Maßen – mal ein Gläschen Wein – schadet Alkohol nicht.
7. Ernähren Sie sich abwechslungsreich: Eintönige Kost oder gar Fast food ist nicht nur schädlich, sondern sorgt dafür, daß Ihre überflüssigen Pfunde ganz gewiß nicht auf Dauer verschwinden.

Was Sie meiden sollten – drei Tips, damit Sie schlank werden und bleiben

So vermeiden Sie ein »dickes Ende«

1. Hüten Sie sich vor allen Lebensmitteln mit »schlechten« Kohlenhydraten wie Weißbrot, Kuchen etc.
2. Hüten Sie sich vor »leeren« Kalorien wie Zucker. Sie führen dem Körper unnötige Energie zu.
3. Hüten Sie sich vor tierischen eiweißhaltigen Lebensmitteln. Sie enthalten gleichzeitig versteckte Fette.

Wie Sie Fett vermeiden können – die zehn goldenen Fett-Spar-Regeln

1. Verringern Sie die »sichtbaren« Fette, wenn Sie zur Zubereitung der Speisen Fette oder Öle verwenden.
2. Wenn Sie fettreduzierte Streichfette essen, nehmen Sie auch hiervon weniger.
3. Passen Sie auf »versteckte« Fette auf. Sie sind z. B. in Wurst, Fleisch, Milch und Milchprodukten, fetten Käsesorten, Sahne, Mayonnaise, Kuchen, Schokolade und fertigen Brotaufstrichen enthalten.
4. Essen Sie von diesen Lebensmitteln weniger bzw. kaufen Sie statt dessen fettärmere Produkte ein.
5. Wenn Sie selbst kochen, gewöhnen Sie sich an möglichst fettarme Rezepte und Zubereitungsarten.
6. Garen Sie möglichst ohne Fett in dem entsprechenden Kochgeschirr (Tontopf, Edelstahltöpfe mit Sandwichboden).
7. Halten Sie sich lieber an Garmethoden wie Grillen, Dünsten und Garen in der Brat- und Alufolie.
8. Fettarm braten können Sie auch in Teflonpfannen.
9. Nach dem Anbraten des Fleisches gießen Sie bitte immer das Fett aus der Pfanne ab.
10. Entfetten Sie Soßen, indem Sie das Fett mit Küchenpapier von der Oberfläche absaugen oder die Flüssigkeit im Kühlschrank erkalten lassen und das festgewordene Fett abschöpfen.

Haben Sie es geschafft?

Na, wie sieht's aus? Haben Sie es geschafft? Purzeln die ersten Pfunde schon? Dann nur weiter so! Mit jedem Tag werden Sie sicherer:

- Bald wissen Sie ohne Nachschlagen, welche Nahrungsmittel Ihnen besonders guttun.
- Probieren Sie aus, was Ihnen und Ihrer Familie besonders schmeckt.
- Experimentieren Sie ein bißchen herum: Erfinden Sie neue Rezepte, neue Gerichte, neue Zusammenstellungen!
- Haben Sie wieder Spaß am Essen und am Genießen! Ohne ängstlich nach der Kalorientabelle zu schielen.
- Und nehmen Sie trotzdem weiter ab – ohne Mühe! Nur weil Sie sich richtig und ausgewogen ernähren.

Nützliche Adressen

Auswertungs- und Informationsdienst für Ernährung,
Landwirtschaft und Forsten e.V.
Konstantinstr. 124
53179 Bonn
Telefon: 02 28/8 49 90

Bundeszentrale für gesundheitliche Aufklärung
Ostmeerstraße 220
51109 Köln
Telefon: 02 21/8 99 20

Deutsche Gesellschaft für Ernährung e.V.
Im Vogelsgesang 40
60488 Frankfurt a.M.
Telefon: 0 69/9 76 80 30

Institut für Ernährungswissenschaft
der Justus-Liebig-Universität Gießen
Fachgebiet Ernährungsberatung und
Verbraucherverhalten
Goethestr. 55
35390 Gießen

Institut für Ernährungswissenschaft
der Technischen Universität München
85384 Weihenstefan
Telefon: 0 81 61/71 42 49

Verband für Unabhängige Gesundheitsberatung
Deutschland e.V.
Keplerstr. 1
35390 Gießen
Telefon: 06 41/7 77 85

Weiterführende Literatur

Bässler, K.-H./Fekl, W.-L./Lang, K.: Grundbegriffe der Ernährungslehre. Springer Verlag, Berlin, 4. Aufl. 1987.

Elmadfa, I./Aign, W./Muskat, E./Fritzsche, D./Cremer, H.-D.: Die große GU Nährwert Kalorien Tabelle 98/99. Gräfe und Unzer Verlag, München, 1997.

Elmadfa, I./Fritzsche, D./Cremer, H.-D.: Die große GU Vitamin- und Mineralstoff-Tabelle. Gräfe und Unzer Verlag, München, 3. Aufl. 1996.

Empfehlungen für die Nährstoffzufuhr. Hrsg.: Deutsche Gesellschaft für Ernährung. Umschau Zeitschriftenverlag Breidenstein, Frankfurt a.M., 2. Aufl. 1995.

Hamm, Michael: Schlank und gesund ohne Diät. Mosaik Verlag, München, 1997.

Oberbeil, Klaus: Abnehmen durch Biostoffe. Südwest Verlag, München, 1996.

Schlieper, Cornelia A.: Ernährung heute. Verlag Handwerk und Technik, Hamburg, 1994.

Singer, Peter: Was sind, wie wirken Omega-3-Fettsäuren? Umschau Zeitschriftenverlag Breidenstein, Frankfurt a.M., 1995.

Stichwortverzeichnis

Entschlacken mit Genuß

Viele leckere Rezepte. Kein Fasten, kein Hungern, keine eintönige Diät.

Durch falsche Ernährung geraten Stoffwechsel und Verdauung leicht aus dem Lot. Um vorhandene Giftstoffe abzubauen, hilft häufig nur eins: die Ernährung umstellen. Mit zahlreichen schmackhaften und leicht in den Alltag zu integrierenden Rezepten verhilft Ihnen dieser Ratgeber zu Wohlbefinden und neuer Vitalität.

**128 Seiten, 30 Farbtafeln,
20 Abbildungen, Tabellen,
16 x 21,5 cm, Hardcover
ISBN 3-310-00481-3**

MIDENA

**öS 145,–/sFr. 19,–
DM 19,90**